나는 오르는
수익형 부동산만 산다!

나는 오르는
수익형 부동산만
산다!

고진영 지음

한국경제신문 *i*

어릴 적 부모님은 늘 넉넉하지 않은 형편 때문에 많이 다투셨다. 아버지 혼자 밤새워 벌어서 택시 운수업으로 다섯 식구를 먹이고 키우셨는데, 자녀가 3명이나 되니 대학까지 교육시키는 것이 쉽지 않으셨을 것이다. 그 와중에 나는 피아노를 전공하겠다고, 레슨비에 수많은 돈을 쏟아 부어 음악대학을 졸업했는데, 한국 사회에서 음악 과외 교사는 그리 여유롭게 돈을 버는 직업이 아니었다.

그래서 돈을 잘 버는 방법을 찾고 있던 차에 마침 지인이 부동산 회사를 추천해서 20대 중반에 음악을 가르치는 일을 그만두고, 부동산 회사에 들어가 일을 배웠다. 하지만 나중에 알고 보니 그곳은 한창 유행하던 땅을 쪼개어 파는 기획 부동산 회사였다. 땅이라는 분야가 알아야 할 것이 많고 어렵다 보니, 이곳이 어떤 문제가 있는지, 또 나에게 앞으로 어떤 일이 벌어질지 전혀 알지 못했다.

일을 시작할 때 있어 운이 좋았는지 당시 부동산 영업 분야에서 최고 실력을 갖춘 직장 상사에게 일을 배워 몇 달 만에 회사에서 파는 땅의 70% 가까이를 내가 팔았을 정도로 돈을 많이 벌었다. 20대 중반에 한 달에 3,000만원씩 실적 보너스를 받다 보니 이게 웬일인가 싶고, 자부심이 하늘을 찔렀다. 그렇게 6개월간 받은 급여가 1억 원을 넘기고 나니, 나도 슬슬 땅 투자를 해보고 싶은 마음이 생겼다.

첫 투자라 투자에 대한 안목이 제로인 상태에서 같이 일하던 직장 상사의 권유만 믿고, 기획 부동산 회사에서 파는 땅에 처음부터 2억 원에 가까운 금액을 투자했다. 그런데 그 땅도 문제가 있었지만, 내가 투자한 회사의 운영에도 문제가 있었다. 내가 땅 투자를 시작했을 때 그동안 운영 상태가 부실했던 회사가 내 투자금을 회사 재정으로 사용해버렸다. 그 기획 부동산 회사는 바로 폐업해버렸고, 그 땅은 등기조차 넘어오지 않은 채로 책임소재만 분분하다가 내 돈이 공중에 떠버렸다. 결국 나는 억대의 돈을 모두 사기를 당했다. 일어날 수 있는 일 중 가장 최악의 상황이었다.

그때 나를 가르쳐주고 투자하게 했으며, 따르고 의지했던 직장 상사는 이 상황에 대한 책임을 져준다며 새로운 회사를 창업해서 같이 일하자고 했다. 그 말을 믿고, 새로운 회사에서 투자금을 해준다는 약속 때문에 사실상 보수도 제대로 받지 못한 채 수년간 버텼다. 결국 그 상사는 회사 운영이 힘들어지자 내가 언제 그런 소리를 했냐고 안면을 바꿨다. 그리고 아무런 보상 없이 쫓겨나게 되었고, 수억 원의 투자금은 내가 모두 갚아내야 하는 빚으로 남았다. 그 상사는 처음부터 나에게 뭔가 해줄 생각이 아니었고, 그저 세상 물정 모르는 순진한 나를 이용한 것이었다.

억울한 마음에 형사고소를 했지만, 이미 벌어진 지 오래된 사건인 데다 상대가 법망을 잘 피해 갔기에 처벌하지 못했고, 나는 어떠한 돈도 받아내지 못했다. 그 돈은 내가 10년 가깝게 온갖 마음고생을 하고 노력 끝에 다시 수익형 부동산 일을 하면서 스스로 해결을 했고, 아직 해결 과정에 있는 것도 있다.

그 사건 이후 10여 년이 흘렀다. 비록 소송은 졌으나 그때 나에게 고통을 주었던 사람들의 소식을 우연히 듣게 되었다. 나를 가르쳐주었지만 손해 받은 돈을 해결해준다며 수년간 보수도 제대로 주지 않고 일을 시키다가 태도를 바꿨던 직장 상사는 다른 사기사건으로 고소를 당해 감옥살이를 하고 있다. 부실한 회사와 결탁하고 내 돈을 날리게 했던 문제의 땅 지주는 50대라는 한창 나이에 병으로 이미 이 세상 사람이 아니다.

당시에는 너무 힘이 들었고, 20대 후반의 나이에 벌여 놓은 엄청난 사건 때문에 마음고생을 심하게 했지만, 나는 거기서 좌절하지 않았고 정면으로 해결하고 극복해나갔다. 자본주의는 냉정하고 보통 생활수준 이상으로 사는 것이 만만하지 않다. 그러나 또 어떻게 보면 세상은 살 만하다고 생각한다. 양심적으로, 그리고 올바른 방향을 가지고 남을 따라가지 않으며 주도적으로 열심히 노력하는 사람은 성공할 수 있고, 인생을 멋지게 살 수 있다는 것을 보여주고 싶다.

자본주의 사회에서는 돈의 권력으로 삶의 질이 완전히 달라지기 때문에 돈을 많이 벌게 해주겠다는 유혹이 주변 곳곳에 도사리고 있다. 특히 이런 유혹은 내가 가진 돈이 적을수록, 내 주머니가 텅 비어 있다고 느낄수록 마약처럼 우리를 더 유혹하고 괴롭힌다. 그때 내 돈을 지켜내겠다는 투지가 없다면, 내가 사회 초년생 시절에 겪은 것과 같은 투자 실패는 한순간에 일어나고 만다. 내 경우뿐 아니라 그 이후 내가 10여 년간 상담했던 수만 건의 투자 사례들을 보아도, 성공하기보다는 무모하게 투자에 덤벼들었다가 큰 재산을 잃고 고통 받은 사례가 더 많다. 생각만 떠올려도 고통스러운 나의 사연을 이렇게 상세히 알리는 이유는, 투자에 무지해서 돈과 시간을 잃은 사연들을 많이 봤기 때문이다. 앞으로 독자 여러분은 더 이상 나와 같은 일이 생기지 않았으면 하는 마음에서 글을 쓰게 되었다.

이 책을 쓰면서 어려운 부동산 투자이지만, 투자를 시작할 때 필요한 마음가짐부터 실제 경험들을 딱딱하기 않게 쓰려고 노력했다. 그리고 사건들을 겪으면서 돈을 다루는 태도와 투자 실패 사례를 통해서 느꼈던 점들을 정리했다. 부동산 고수들은 이미 투자를 시작하고 있지만, 투자를 처음 시작하고 싶은 초보자들은 가이드가 없어 고민할 때 이 글이 부동산 투자에 쉽게 접근하는 데 도움이 되었으면 한다.

고진영

CONTENTS

프롤로그 - 4

1장. 부동산 투자, 원래 이런 것인가요?

1. 투자할 때는 최악의 경우를 생각하고 시작하라 – 15
2. 나는 부동산 때문에 10억 원을 잃었다 – 21
3. 나도 부자가 되고 싶어 시작했다 – 30
4. 공포를 조장하는 위기 기사에 속지 마라 – 35
5. 돈보다 생각이 가난하면 투자 못 한다 – 42
6. 부동산만 무조건 투자하면 부자 되는 줄 알았다 – 48

2장. 일단 시작해야 미래가 바뀐다

1. 투자 경험은 시작해야 생긴다 – 57
2. 문제를 피하지 말고 해결책을 찾아라 – 62
3. 시세차익형 부동산 vs 수익형 부동산이란? – 68
4. 월급쟁이 부동산 재테크 시작하기 – 74
5. 백만장자의 비밀에 부동산이 있다 – 80
6. 골드미스, 부동산 투자로 홀로서기 – 85

3장. 돈 걱정 없이 살고 싶다면 수익형 부동산 투자를 하라!

1. 돈이 없을수록 수익형 부동산에 투자하라 – 95
2. 수익형 부동산 Q & A – 102
3. 요즘 정책에 맞는 수익형 부동산 투자법 – 111
4. 전문가들은 왜 수익형 부동산을 추천하나? – 115

4장. 그래서 어디를 살까요?

1. 지금 서울의 인구는 줄고 있다 – 123
2. 대한민국 수익형 부동산을 지배하는 10가지 법칙 – 128
3. 누구나 알 만한 신도시부터 시작하라! – 134
4. 빠르고 안전한 신도시 지역 투자법 – 140
5. 땅 투자 가이드 : 경험을 가지고 원칙을 만들어 나가라 – 145
6. 집값을 좌우하는 수요·공급, 금리정책 – 150

5장. 소액 투자로 부자 되는 7가지 기술

1. 수익형 부동산, 왜 버는 사람만 벌까? – 157
2. 4인 가족 부동산 재테크 수업 – 163
3. 부동산 거래도 성수기와 비수기가 있다 – 168
4. 매수 타이밍과 매도 타이밍을 잘 잡아라 – 173
5. 투자 대비 얼마나 벌 것인지 설정하라 – 178
6. 한 번에 완벽한 투자는 없다 – 184
7. 리모델링으로 부동산 몸값을 올려라 – 189

6장. 월급쟁이, 수익형 부동산으로 제2의 월급통장을 만들어라

1. 나는 수익형 부동산으로 경제적 자유인이 되었다 – 197
2. 소확행, 워라밸, 저녁이 있는 삶은 누가 주지 않는다 – 200
3. 목적 있는 삶을 위한 투자 행동 리스트 짜기 – 204
4. 큰돈 벌고 싶으면 기다릴 줄도 알아야 한다 – 209

부동산 투자,
원래 이런 것인가요?

1장

투자할 때는
최악의 경우를 생각하고
시작하라

"너 부동산 일 한번 배워보지 않을래?"

"나는 부동산에 대해 아무것도 모르는데… 어떤 일인데?"

부동산 첫 투자를 시작한 계기는 단순했다. 부동산 일을 시작하려던 10여 년 전 우리나라에서는 부동산 투자 붐이 한창이었다. 특히 땅을 투자하면 떼돈을 벌어 가문의 운명까지 바꿀 수 있다는 이야기가 나돌 정도로 그 당시는 땅 투자 붐이 심했다. 그 시절 나는 음악을 전공하고 어린아이들이나 가르치던, 세상 물정 모르는 풋내기 사회초년생에 불과했다. 하지만 큰돈을 벌어 이름을 날리며 성공하고 싶은 욕심은 누구보다 컸다.

늘 고만고만한 월급에 만족하지 못하고 직업에 대한 고민이 많던 어느 날, 지인이 나에게 제안을 했다.

"나 부동산 회사 들어갈 건데 나랑 같이 일 시작해볼래? 월급도 잘 주고, 돈도 많이 번다더라."

"안 그래도 뭐 괜찮은 일이 없나 하고 있었는데, 내가 할 수 있는 일이니?"

우연한 계기로 나는 20대 중반에, 그동안 돈벌이가 시원찮아 고민하던 피아노 선생 일을 과감히 때려치우고 땅을 파는 회사에서 부동산 영업을 시작했다. 어떤 일인지 모르고 시작했지만 나중에 알고 보니 당시 땅 투자 붐을 일으키던 기획 부동산 회사였다. 부동산으로 돈 벌고 수익을 내는 방법을 배우는 것이 그저 좋았던 시절, 시키는 대로 열심히 하는 데는 자신이 있었다.

일을 시작하고는 힘들어도 한눈팔지 않고 열심히 했으나 처음 몇 달은 결과가 나오지 않았다. 그래도 매일 같이 시키는 대로 일에 집중하는 나의 모습을 눈여겨본 분이 있었는데, 당시 회사에서 가장 영업을 잘 하던 임원이었다. 그분이 자기한테 일을 제대로 배워보지 않겠느냐고 제안을 하셨고, 그분에게 영업 스킬을 다시 배웠더니 어느덧 나의 실적은 최상위권에 있었다. 그때는 운도 많이 따랐고 일도 잘 풀렸으며, 나의 기가 하늘을 찌를 때였다. 그렇게 돈을 꽤 벌어서 20대의 나이에 1년도 안 되어 벌었던 돈이 1억 원을 넘겼고, 나도 슬슬 땅 투자를 해보고 싶다는 욕심이 고개를 들었다.

지금 생각해보면 그때 100만 원~1,000만 원 정도의 금액으로 투자를 시작했으면 그래도 뒷수습이 어렵지 않았을 텐데, 평소 고객에게 1억 원 이상의 돈을 현금으로 투자시키다 보니 나도 모르게 배포가 두둑해졌다. 그때는 3,000만 원은 돈으로도 생각을 안 했고, 그저 소액 투자라고 생각했던 시절이었다.

결국 나는 1억 8,000만 원이라는 거금으로 첫 땅 투자를 시작하게 되었다. 더 큰 문제는 내가 여윳돈이 준비된 게 아니어서 집 담보 대출까지 받아 투자금을 마련한 것이었다. 내가 소유한 집도 아니고, 부모님이 가지고 계신 하나뿐인 집을 담보로 해서 땅 투자를 했으니, 지금 생각하면 정말 아찔하고 정신이 나갔나 싶다. '왜 한 명이라도 그때 나를 말리지 않았을까?' 하고 수없이 후회했던 엄청난 사건이 그렇게 시작되었다. 과욕이 부른 집안 경제 비극의 시작이었다.

주식 투자를 많이 하다 보면 실물 지폐를 볼 수 없기 때문에 돈이 숫자에 불과한 것처럼 느껴지고, 다루고 있는 돈의 액수가 실감이 안 난다고 들었다. 나도 그 땅 투자로 '억 단위'가 오고가는 장소 안에서 생활했고, 어린 나이에 준비되지 않은 상태에서 갑자기 큰돈을 벌게 되니까 돈의 감각이 무뎌져 사고가 났던 것이다.

그 사고의 끝은 이러했다. 돈을 회사 측에 입금하고 나면 땅 등기를 받아야 하는데, 내가 투자금을 입금하자마자 부실했던 부동산 회사가 망했고, 나는 땅 소유권 등기를 받지 못했다. 이것에 대한 책임을 따지러 갔는데, 당시 나에게 일을 가르쳐주던 직장 상사가 그것은 회사가 없어져서 받아내기 어려우니 자기를 믿고, 새 회사에 따라오면 그것을 땅으로 보상해준다고 약속했다.

나를 그동안 키워준 상사였기에 설마 약속은 지키겠지 하며, 불안했지만 그것을 또 믿고 말았다. 그 상사는 새로운 전원주택 시행사를 차렸고, 나는 거기서 수년간 일했으나 결국 두 번째 회사도 경험 부족, 자금 부족으로 망해서 경매에 넘어갔다. 나는 땅 등기도 아무것도 찾지 못하고, 책임소재만 분분한 가운데 2억 원 가까운 담보대출 채무자가 되어 있었다.

나도 투자한 엄청난 돈을 잃었지만, 내가 회사에 연결시켰던 사람들도 역시 회사에 투자했다가 손해들을 크게 봤다. 작게는 1,000만 원대에서 3억 원이 넘는 돈에 이르기까지 다양했다. 그 회사는 경매에 넘어가게 되어서 돈을 일부 찾으신 분들도 있겠지만, 대부분은 손해를 봤다. 그에 따른 비난과 고통 역시 내 몫이었다. 나 혼자서도 힘들어 죽겠는데, 여러 사건이 한꺼번에 터져 욕이란 욕은 다 먹었고, 정신이 하나도 없었던 시절이었다.

30대 초반의 나이에 그 '억 소리 나는 돈을 찾기 위해 민형사 소송 3년을 진행하는 동안 마음고생으로 바닥을 여러 번 쳤다. 신앙인이 아니었더라면 삶을 포기하려고도 했던 내 인생의 가장 암울한 시기였다. 나는 10여 년간 채무자 상태로 이자만 갚아나가며 오랜 기간 고통을 겪다가, 수익형 부동산 분양 일을 시작하고, 결국 내가 벌어서 빚을 갚아서 해결을 하게 되었다.

그때 형사소송에서 이기지 못했고 그 회사에서 돈을 찾아오지는 못했지만, 인생의 뼈아픈 교훈과 함께 절대 지켜야 할 투자의 기본 원칙들을 많이 깨달았다. 그리고 투자에 대해 책임을 지는 사람은 오직 나 자신밖에 없다는 것을 확실히 알았다. 오랜 시간이 지난 지금에서야 스스로를 위로하고 치유해 극복해나갔지만, 그때 내가 나쁜 마음을 먹었더라면 지금의 이 자리도 없을 것이다. '**나의 재산은 딱 내가 아는 만큼만 지켜낼 수 있는 것**'이다.

강산이 한 번 바뀐다는 시간이 흘렀다. 지금 돌이켜보더라도 말로 할 수 없을 정도로 아픈 시간이었다. 나의 뼈저린 10여 년의 경험을 통해 아끼는 주변 사람들에게 꼭 해주고 싶은 말이 있다.

부동산처럼 목돈이 한 번에 들어가는 투자를 할 때는 다음을 꼭 생각해야 한다.

첫째, 투자 경험이 없다면 권유하는 사람의 말을 무조건 믿으면 안 된다.

둘째, 내가 넣은 투자금이 모두 없어지거나, 팔지 못하게 묶일 수 있다는 최악의 경우를 생각한다. 그래서 투자하는 금액은 내가 감당할 수 있는 선에서 시작해야 한다.

이 2가지만 명심해도 투자할 때 겪지 말아야 할 고통을 어느 정도는 피할 수 있다. 이것이 비단 나만의 경험이라고 생각하지 않는다. 분명 다른 사람들도 주변에서 권유해 잘못된 투자를 해서 피땀 흘려 모은 돈을 투자하다 잃은 경험들이 있을 것이다. 나의 아픈 경험을 공유하는 이유는 적어도 이 글을 보는 사람들은 특히 부동산이나 땅 투자를 할 때 나와 같은 고통을 겪지 않았으면 하는 바람이 있기 때문이다.

나는 부동산 때문에
10억 원을 잃었다

16년 전 부동산 일을 처음 시작했을 때 나는 부동산만 투자하면 무조건 떼돈을 버는 줄 알았다. 만약 처음에 내가 투자했던 부동산이 땅이 아니라 수익형 부동산 같은 원룸이나 상가건물이었더라면, 그래도 큰돈을 날리거나 모두 손해 보지는 않았을 것이다. 최소한 건물은 어느 정도 만들어 놓으면 사용할 수 있으니 거래가 되기 때문이다.

그런데 땅은 잘 알지 못하고 투자하면 대박, 아니면 쪽박이라는 말이 딱 맞다. 땅은 부동산 중에서도 원재료에 가까운 분야이면서, 투자에 있어서는 가장 '도박성'이 강하다. 땅은 개발 호재나 위치에 따라 몇 배에서 몇 십 배가 올라버리기 때문에, 도박에 비유될 만큼 거대한 부를 만들 수도 있다. 그래서 땅을 투자해 돈을 많이 벌었다는 사람들의 이야기만 듣고 흥분하다 보면 그 이면의 위험성은 놓치기 쉬운 함정이 있다.

그 예로 1기 신도시 개발 붐이 한창이었던 1980년대 후반에서 1990년대 초반 분당이나 일산 신도시, 그리고 2000년대 이후 판교 신도시를 조성할 때, 그 지역에서 농사를 짓거나 임야로 땅을 가지고 있던 분들은 토지 보상을 받은 수억 원 또는 수십, 수백억 원의 돈으로 엄청난 부를 누린 사례가 많다. 그때 나온 이야기 중 '졸부'라는 표현이 이분들의 사례에 해당된다고도 할 수 있다. TV나 드라마에 자주 등장하는 사례들을 보면 알 수 있다. 그래서 땅 투자를 권유하는 사람들은 돈을 많이 벌었다는 잘된 사례만 강조하면서 투자할 사람의 판단력을 마비시킨다.

TV 드라마에 나온 토지 개발 사례 기사

출처 : 김윤경 기자, [상승세 탄 자이언트 ③] 강남땅값 16만 배 상승 … '괴물 강남' 재조명,
〈매일경제〉, 2010년 8월 2일 기사.

그렇다면 나는 어쩌다가 10억 원 이상의 돈을 날렸던 것일까? 그 이유를 분석해보면 다음과 같다.

첫째, 돈은 벌고 싶은 욕심은 큰데 자본과 경험이 없었다.

둘째, 사회 경험이 적고, 나이가 어려서 사람의 말을 너무 잘 믿었다.

셋째, 부동산 중에서도 땅 투자라는 가장 어려운 분야를 너무 쉽게 봤다.

그러면 10억 원이라는 돈을 어떻게 날리게 된 건지 그 사연을 풀어 보려고 한다. 내가 투자했던 땅은 기획 부동산 회사에서 파는 땅이었고, 이 땅은 나중에 되팔기 힘든 조건을 갖추고 있었다.

부동산 투자에서 땅을 거래할 때 체크해야 하는 기본적인 요소는 다음과 같다.

첫째, 소유권 등기가 나에게 단독으로 등록되어 있어야 한다. 그래야 팔거나 거래할 때 불편한 점이 없다.

둘째, 땅 앞에 길이 있어야 한다(맹지가 아니어야 한다). 또는 바로 앞에 길이 없더라도 큰 도로에서 가까워 앞으로 길을 낼 수 있는 합당한 조건이 있는 땅이어야 한다(도로가 있어야 건축허가가 가능하기 때문이다).

셋째, 땅을 개발하는 데 제한이 있는지를 도시계획을 보고 검토해봐야 한다(용도지역, 개발제한구역, 보호구역 등을 확인하기).

넷째, 매매가격이다. 주변에 실제 거래하는 시세와 비교해봐야 한다.

　즉 땅은 내가 마음대로 사고팔 수 있는 단독 소유권이 있는 상태, 그리고 그 땅에 건축 개발이 가능한 것을 사야 한다. 건물을 짓거나 이용할 수 있는 땅이어야 거래가 되는 것은 상식적인 것이다. 그런데 기획 부동산 회사의 땅은 다음 조건에 해당하는 경우가 많았다.

　① 소유권 등기 : 개별등기가 아닌 지분등기다. 즉 등기를 떼어보면 '공유자 지분'으로 나온다. 예를 들어 내 땅이 100평이라고 하면, 전체 평수인 5,000㎡분의 330㎡ 이런 식으로 써 있다. 이것이 지분이다.

　② 맹지 : 내가 산 땅 앞에 길이 없다. 지적도를 떼어보면 길이라고 하는데, 실은 실제 도로가 아니라 길 모양으로 지적도상에 잘라놓은 임야인 것이다. 길은 최소 4m 이상의 폭을 확보해야 하고, 도로에 상하수, 오폐수시설이나 전기, 가스 등 매설된 것이 연결되어 있어야 한다. 그래야 건축물을 지을 수 있다. 땅은 건축물을 지을 수 있어야 거래가 된다.

　③ 토지의 용도지역이 관리지역이나 도시지역의 자연녹지 등을 많이 파는데, 이것은 물론 개발 가능성은 있다. 그러나 그 지역마다 개발할 때 제한 조건 등이 다 달라서 일일이 확인해야 한다.

　④ 토지 매매가격 역시 내가 거래한 것이 주변시세보다 가격

이 비쌌다. 왜냐하면 큰 필지도 강원도의 임야는 평당 몇 만 원밖에 하지 않는데, 쪼개놓고 팔 때는 30~40만 원이었던 것을 보면 그렇다. 이것은 토지 회사 운영자가 고객을 생각하지 않고 비싸게 분양을 해서 여기서 부당한 이익을 취하고, 회사 직원들의 경비로 지출을 했을 것이다. 나중에 이렇게 샀던 땅을 매매하려고 근처 부동산 중개사무소를 가보면 바로 알게 된다.

기획 부동산 회사들이 파는 땅은 근처에 고속도로나 신도시 개발, 역세권 개발 등 들어오는 개발 호재가 있다. 그런데 아무리 주변에 개발이 되고, 지하철이 생기며, 도로가 들어온다 해도 내 땅 자체를 개발해서 건축을 하고 사용할 수가 없다면 무용지물이다. 이런 땅들을 사서 작은 단위로 잘라서(분할해) 소액으로 투자할 수 있게 나눠 파는 곳이 바로 기획 부동산 회사다.

기획 부동산 회사의 원조는 원래 서해안 간척지를 잘라 팔았던 ○○영농조합법인이었다. 서해안에 갯벌을 막아 광활한 간척지를 만들어 개인에게 팔아서 이익을 남겼던 회사들인데, 처음부터 절대농지였기 때문에 건물을 짓거나, 개인이 개발하거나, 남에게 팔기도 어려운 땅이었다. 이것이 나름대로 성공을 거두자 같은 방식으로 비슷하게 야산을 잘라 파는 회사들이 줄줄이 생겨났고, 오랜 기간 많은 사회 문제가 되었다.

사회

서산 간척지 농지분양 함정 없을까

영농조합들, 투자·주말농장 등 명목으로 도시민 유혹 … 지역업자들 "개발 불가능" 폄훼 의견 많아

입력 2004.03.04 / 425호(p54~55)

'현대가 만든 서산 간척지₩'가 조각 조각 도시민에게 분양되고 있다. 농 지로서는 최고의 땅이지만 부동산 투 기 바람에 휩쓸려 농지 가격이 상승 할 경우 이는 '영농조합₩'의 위기를 자조할 수 있다.

전국 최고의 투자가치가 있는 서산 땅에 투자하고 우리 농어 촌도 살리는…'(A영농조합) '개발특수 타고 껑충껑충 시세 뛰 지, 친환경 쌀 140kg씩 보내오지, 자식들에게 번듯한 땅 남겨 주지…'(B영농조합)

'서산 간척농지 300평 소유권 등기, 매년 친환경쌀 120kg 증 정, 주말농장 5평 무상 이용, 특급별장(펜션) 이용권 제공…'(C 영농조합)

최근 몇 달간 신문지면에 자주 나오는 엇비슷한 광고문구다. 고 정주영 현대 명예회장의 '배 물막이 공사'로 유명한, 서산 간척지 천수만 A·B지구 특별 분양광고다. 현란한 선전문구가 '땅 콤플렉스'를 갖고 있는 도시민의 정서를 강하게 자극하는 데다 충남지역의 '묻지 마 투자열풍'과 맞물리면서 불과 반년 만에 3만명 이상의 투자자가 몰릴 정도로 인기를 끌고 있다.

이곳에서는 '서해안 영농조합'이 지난해 6월 처음 분양에 들어

서산 간척지 농지분양 관련 기사

출처 : 정호재 기자, 서산 간척지 농지분양 함정 없을까, 〈주간동아〉, 2004년 3월 4일 기사.

하지만 토지를 판다고 다 기획 부동산 회사는 아니다. 최근 운영하는 회사 중에는 단 필지를 거래하거나, 아니면 단독 소유로 알박기처럼 소액으로 토지를 사놓고 보상을 받게 한다든지 하는 곳도 있다. 그러나 아직 대부분의 회사가 기획 부동산 회사가 하

던 방식 그대로 일을 하고 있다. 이것은 땅을 사고팔거나 건축을 해보지 않은 일반인들이 구별해내기란 정말 어렵다. 그래서 땅 투자는 경험이 없는 상태에서 파는 사람들의 말만 믿고 절대 뛰어들지 말라고 하는 것이다.

나는 땅 투자가 이렇게 어려운 것인지 전혀 모르고 토지를 파는 영업부터 시작했다. 내가 직접 투자하기 전에 고객들뿐 아니라 가족, 친척에게도 이러한 땅을 팔았는데, 그분들도 투자한 지 10년이 넘도록 팔지 못해 투자금 회수를 못하고 있다. 그중에서 나와 가족, 친척이 투자한 금액만 10억 원이 넘는다.

그 사연은 앞에서도 이야기했다. 20대의 나이에 감당하기에는 너무도 큰돈이고, 평생 월급을 모아도 갚아 나가는 것이 쉽지 않은 억대의 돈인데, 무지해서 이렇게 손해 보는 일이 생긴 것이다.

그래서 땅에 대해 알아볼 때는 반드시 떼어 봐야 할 기본서류가 있다.

① 토지 등기부등본
② 토지이용계획확인원
③ 토지대장 또는 임야대장
④ 지적도 또는 임야도

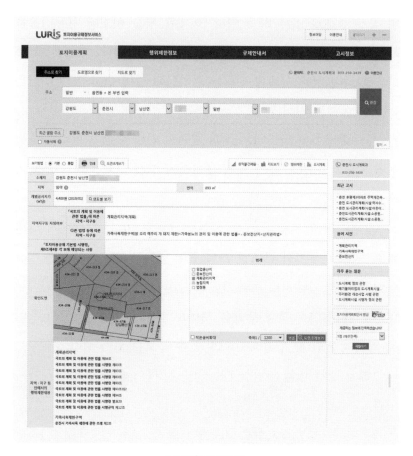

토지이용계획확인원

출처 : 토지이용규제정보서비스(luris.molit.go.kr)

　토지 등기부등본은 대법원 사이트에서, 나머지 서류는 국토교통부에서 운영하는 민원사이트에서 땅의 주소만 알면 확인할 수 있다. 동사무소에서도 팩스민원으로 가능한 일반적인 서류다. 이런 서류를 요즈음에는 '부동산종합증명서'라고 통합해서 뗄 수 있다. 그러나 이 안에 들어가 있는 서류들의 성격을 알고 참고하는 것이 좋기 때문에 기본 개념을 정리한 것이다.

이 서류를 떼는 것도 기본이지만, 주변의 개발계획이라든지 그 지역의 도시개발계획도 참고해야 하고, 용도지역도 확인해야 한다. 개발제한구역이나 군사시설 보호구역 등 다양하게 확인해야 할 개발조건들이 있다. 강원도 같은 경우 높은 위치에 있는 임야가 많은데, 땅의 경사각도가 높으면 건축허가가 안 난다. 또 특수한 나무 품종이 자라고 있을 경우 수목을 보호하기 위해 개발허가를 안 내주는 경우도 있다. 도시지역도 그렇고, 지방 같은 경우도 그 지역의 시·군·구청 공식 사이트에 개발계획이 나와 있으니 관심이 있는 지역은 들여다보면 된다.

나와 내 가족이 10억 원 이상 부동산에 투자하고, 이것을 해결하기 위해 수년간 노력하면서 뼈저리게 느낀 교훈이 있다. 부동산에서 **땅 투자는 가장 많은 지식과 경험이 필요하며, 일반인들이 쉽게 접근하기 가장 어려운 투자라는 점**이다. 그래서 처음 투자하는 사람에게 땅 투자는 권하지 않고 주택, 아파트나 상가, 오피스텔, 원룸 같은 건물 투자부터 시작하는 것을 권한다. 대박을 원해서 뛰어들었다가 쪽박을 찰 수 있는 것이 부동산에서 가장 위험한 땅 투자임을 잊지 말자.

나도 부자가 되고 싶어 시작했다

아버지는 내가 어렸을 때부터 수십 년간 개인택시 자영업을 하셨다. 과거형이 아니라, 택시의 종류만 대형으로 바꾸어 80대인 지금도 일을 하고 계신다. 평범하게 시골에서 농사짓는 집안에서 일찍 서울에 올라와 부지런하게 '개미 같이' 일하는 성실한 사람의 표본이 바로 우리 아버지였다. 어머니의 이야기를 빌리자면, 그날 하루 목표 수입을 벌지 않으면 며칠이 되든지 집에 들어오지도 않고 악바리 같이 일하셨다고 한다. 택시를 운영하면 손님들이 밤에 많이 이용하기 때문에 낮밤이 바뀌어 새벽에 들어오시는 날이 대부분이라 저녁에 아버지 얼굴을 보기가 힘들었다.

10시간에서 20시간 가까이 비좁은 택시에 앉아 있다 보면 힘드신 것이 이만저만이 아니실 텐데 새벽에 들어오셔서 또 몇 시간

주무시고, 오후에 일 나가시는 모습을 오랜 기간 보면서 나도 마음이 안타까운 때가 많았다. 그런 아버지의 끈질기고 성실한 노력으로 개인택시조합에서 저축상도 계속 타시고, 재산을 모으셔서 결국 지금 살고 있는 서울에 집을 사게 되었다. 그리고 또 10여 년이 지나 살던 동네 전체가 재건축을 해서 60평이 넘는 중대형 새 아파트로 들어가게 되었을 때는 정말 기뻤다. 아버지가 밤을 새워 일을 하시면서 돈을 벌어서 삼남매를 키우고 생활해나가면서 집을 사기까지 고생이 참 많으셨다.

아버지의 헌신적인 노력으로 삼남매의 막내인 나는 돈이 많이 든다는 피아노를 전공해서 예술고등학교에 입학했다. 물론 나도 고생하시는 아버지를 보면서 공부나 악기연습을 열심히 하지 않을 수가 없었다. 그런데 예고에 입학하고 나서 반 친구들과의 실기 경쟁과 음대 입시 스트레스가 컸던 시절, 반 친구들의 부모님들에게서 문화적인 충격을 받게 되었다. 아무래도 예술을 시키는 아이들의 부모님이다 보니 전국 각 지역의 유지(지방의 부자) 또는 대학 교수님, 그리고 서울의 압구정·강남·대치동 지역 사모님들이 많았다. 학부모들 사이에서도 이른바 있는 집안 어머님들과 없는 집안 어머님들이 따로 나뉘어 교류하는 것을 봤다. 이것은 모임에서 있었던 이야기를 어머니가 하시는 것을 듣고 확실히 알았다.

나는 돈보다 중요하고 가치 있는 것이 많다고 생각하지만, 경제적으로 중산층이 겪는 노동의 고통을 오랫동안 봐왔다. 그래서 부모님이 고생하시는 것을 그만하게 해드리고 싶은 마음이 컸다.

강남의 대치동에 살던 예고 동창 친구는 부모님이 늘 부동산에 관심이 많으셨다고 했다. 학교를 졸업한 후 세월이 흘러 30대 중반쯤에 그 친구를 오랜만에 만나게 되었다. 이 친구는 결혼 후 음악학원을 운영하며, 용인에 아파트를 사서 살고 있었다. 그러면서 가장 핫하다는 2기 신도시 판교의 아파트를 분양받아서 젊은 나이에 벌써 세를 놓고 있었다. 강남에 사는 부모의 자녀들은 역시 보고 배우는 게 다르구나 하는 생각이 들었다.

서울의 중대형 아파트 한 채는 우리 아버지의 재산이요, 평생 한눈팔지 않고 열심히 저축해서 살아왔던 결실이었다. 지금은 일을 그만하셔도 좋으련만 아버지는 여전히 일하고 계신다. 나이 들어서 할 일이 있다는 게 좋을 수도 있지만, 연금소득이 충분한데 취미로 일을 나가시는 것과 생계형인 것과는 차이가 크다.

평생 개미처럼 일하면서 저축하고 모아서 서울에 내 집 마련을 하는 것이 우리 아버지의 최고 목표였고, 아버지는 그것을 이루셨다. 이것이 비단 우리 아버지만의 모습은 아닐 것이다. 직장을 다니든, 작은 가게를 운영하는 자영업자 사장님이든, 아버지들의 모습은 비슷할 것이다.

그러나 우리 아버지와 같은 시대를 살면서 투자, 특히 부동산에 투자를 하며 돈을 불리는 데 집중했던 사람들도 있었다. 우리나라가 눈부신 경제성장을 이뤘던 그 시기에 이분들은 강남 땅이 오르고, 전국의 땅이 오를 때 여기저기 놓치지 않고 투자해서 건물을 수십 채 사놨다. 그런 스토리를 가진 분 중 내가 직접 만나본 분도 수십 명이 넘는다.

이분들은 노년이 되면서 여행과 각종 취미생활로 여유를 즐기고 계셨고, 그 시절부터 쌓은 부와 축적된 투자 노하우를 자녀분들에게 대물림해주고 계셨다.

나는 아버지의 모습을 통해서 열심히 일하고 모으기만 하면 어느 정도 먹고살 수는 있지만, 중산층을 벗어날 수가 없는 것이 냉정한 현실임을 깨달았다. 돈을 벌어 가정을 유지하느라 돈을 불리는 것에 신경 쓸 여유 없이 바쁜 직장인의 모습이 우리 아버지의

대물림되는 부자 빌딩

1장. 부동산 투자, 원래 이런 것인가요?

모습과 비슷하다. 내가 부동산 투자에 관심을 가지게 된 것도 이 중산층의 고리를 끊고 싶어서였다. 그런데 그 고리를 끊기 위해서는 내 과거의 모습을 박차고 나오겠다는 단단한 결심과 용기가 필요했다. 왜냐하면 투자 공부는 지식으로만 되는 것이 아니고, 경험이 수반되어야 하기 때문이다. 투자에 관한 공부도 반드시 해야 했지만, 결국은 과거를 끊겠다는 강한 결심을 한 후에야 행동을 할 수 있었다.

돈을 투자해서 늘려가는 방법은 반드시 배워야 하고, 내가 가진 재산 중 가장 큰 부분인 부동산도 공부해야만 지킬 수도 있고, 불릴 수도 있다. 물론 사람이 살아가는 데 돈만 필요한 것은 아니다. 그러나 돈이 많다면 시간의 여유도 생기고, 나와 내 가족에게 훨씬 더 많은 기회를 줄 수 있다. 20대에 부동산 회사에 인연을 맺고 뛰어들었던 것도 이런 잘살고 싶은 동기에서 시작되었다.

공포를 조장하는
위기 기사에 속지 마라

'○○ 대폭락.'

'○○ 바닥을 쳤다.'

'늙고 쪼그라드는 서울 인구 1,000만 붕괴 눈앞.'

'사라지는 경제파동.'

보기만 해도 무슨 일이 크게 일어날 것 같은 문구다. 이것은 무엇을 적어놓은 것일까? 바로 우리가 매일 보는 신문의 머리기사들이다. 요즘은 종이 신문 대신 인터넷 신문을 주로 검색하는데, 이렇게 '클릭' 한 번 하게 하려고, 자극적이고 강렬한 기사 제목들이 많이 올라온다. 하지만 우리는 부동산 투자를 할 때 언론의 기사를 그대로 따라가지 말고, 분별해서 해석해야 한다.

우리나라는 과거 수십 년 전, 언론이 국가의 통제를 심하게 받던 시절이 있었다. 시대가 바뀌고, 언론의 자유도 많이 발전되어 예전보다는 자유로운 의견들을 내놓을 수 있는 때가 되었다. 그렇다고 하더라도 언론의 기사들을 그대로 다 믿어서는 안 된다. 왜 그럴까? 그 이유를 정리해보자.

실제보다 과장되거나 극적인 표현을 쓴다

기사의 제목을 보면, 특히 신문 구독수, 기사 클릭수나 조회수를 의식해서 실제보다 훨씬 과장되거나 극적인 단어로 제목을 쓴다. 이것을 읽다 보면 사실이 그렇지 않더라도 뭔가 큰일이 일어날 듯한 위기감을 준다. 부정적인 말은 순하고 긍정적인 말보다 기억에 잘 남아서 듣는 사람에게 영향을 크게 미친다. 자극적인 이야기는 실제 그렇지 않은데도 기억에 남아서 사람을 지배하는 습성이 있다. 그래서 귀에 좋은 말을 많이 듣고, 안 좋은 말은 걸러서 들으라는 이야기들을 하는 것이다.

기자의 의도를 알고 분별력을 키워야 한다

기자들이 기사를 쓰는 데는 의도가 있다. 어느 때는 정부와 기관의 이익이나 의견을 대신하기도 하고, 광고주들의 광고를 기사로 간접적으로 내기도 한다. 기사를 쓴 기자도 언론사라는 이익조직에 속해 있다 보니 진실성보다는 의도를 가지고 기사를 쓸 수밖에 없기 때문이다. 물론 공정성을 가진 기사들도 있다. 하지만 우리 스스로 많은 기사를 듣고 접하면서 분별하는 능력을 스스로 길러야 한다.

부정적 기사에 겁먹지 말고,
흐름을 알고 냉정하게 기사를 봐야 한다

투자를 안 해본 초보들은 일단 아무것도 모르고 겁을 낸다. 부동산의 흐름을 읽는 방법을 모르기 때문에 어떤 부정적인 기사가 나오면 그거 보고 '이거 기사도 나왔는데 투자하지 말래', '큰일 난대' 하면서 호들갑을 떤다. 이런 분들의 눈에는 꼭 부정적인 문구만 눈에 잘 들어온다. 투자란 흐름을 볼 줄 알아야 하는데, 이분들은 '흐름'을 읽는 눈이 없어서 그런 것이다. 당시 상황만 알려주는 단편적인 기사의 내용을 해석해야 하는데, 아직 그런 시야를 가지지 못했기 때문이다.

TV, 신문, 인터넷매체 등도 광고로 먹고살고, 애독자들을 많이 모아야 먹고사는 구조다. 그렇다면 여기서 어떻게 순수한 의도의 기사를 찾아서 해석해낼 수 있을까? 한 번에 되는 것은 없다. 공부도 하고, 실제 온·오프라인으로 투자도 해보고, 실전 투자한 사람들의 강좌도 듣고, 책도 보면서 경험을 쌓게 되면 그다음에 기사의 의도가 조금씩 보이기 시작한다.

나도 인터넷으로 블로그 마케팅을 시작한 지 벌써 9년이 넘어간다. 인터넷에 광고를 목적으로 하는 글들을 올리고, 후기들을 올리기 시작하면서 기사와 언론의 속성을 보기 시작했고, 많은 정보 뒤에는 광고가 숨겨져 있다는 것을 알게 되었다.

그러면, 기사를 잘 해석하려면 어떻게 해야 할까? 바로 **경제신문을 꾸준하게 오랫동안 구독하면서 깊이 있게 기사를 많이 접해보는 방법**을 추천한다. 여러 기사를 통해 수많은 실제 사례와 내용들을 읽다 보면 나도 모르게 발전을 하게 되고, 기자의 의도에 끌려가지 않고 스스로 경제의 흐름을 보는 눈이 생기게 된다.

나도 경제신문을 5년 이상 구독하면서 경제정책과 사회의 경제현상을 많이 알게 되었고, 부동산 투자 실력이 많이 향상되었던 경험이 있다. 경제신문에 나오는 기획기사는 시리즈물도 많기 때문에 경제공부를 하는 데 일반인들은 신문만한 게 없는 것 같다. 나는 요즈음도 4대 신문 중 한 가지를 구독하고 있다.

또한 언론에 끌려가지 않고 잘 분별하는 또 하나의 방법은 무엇일까? 기사를 읽는 것 외에 실전으로 경험한 것이 많으면 된다. 그리고 평소에 그런 단편적인 기사 이외에 수많은 관련 기사내용을 알고 있으면 된다. 그러면 비교하면서 읽으므로 자극적인 내용 한두 개에 끌려 다니지 않게 된다. 그리고 다음 단계로 그 기사가 왜 출현했는지 그 이유도 알게 되고, 앞으로 어떤 일이 발생될지 조금씩 예측도 하게 된다. 그다음에는 내가 어떻게 행동해야 하는지도 보이기 시작한다.

이렇게 '단편적으로 보는' 기사에서 '이유와 흐름을 알고 해석하는' 단계로, 그리고 '그다음 기사도 예측하는' 단계까지 가려면 최소 3년 이상은 신문을 충분히 읽고, 그 흐름을 생각해보는 훈련이 필요하다.

부동산 고수 K 할머니 상담 스토리

부동산 상담을 하다 보면 가끔 투자의 고수들을 만나는데, 한번은 수수한 차림의 80대 K 할머님이 상담하러 오셨다. 이분은 전혀 꾸미고 다니지 않아서 평범한 노인으로 보였다. 그런데 이야기를 해보니 이미 30년 전부터 부동산을 사고팔고, 땅도 사서 집도 짓고, 그런 노하우로 서울의 강남을 비롯한 주요 지역에 아파트를 여러 채 가지고 있었다. 또한 세금도 덜 낼 수 있게 자신의 명의가 아니라 이미 자녀, 손주 이름으로 사놓았다.

그렇게 벌어서 자녀들도 해외에 유학 보내서 자리를 잡게 하고, 또 손주들에게 수익형 부동산을 몇 개 사준다고 알아보러 오신 것이다. 손주들은 '돈 많은 할머니'로 알고 자주 찾아뵙는단다.

그리고 물려받은 땅도 국가에서 개발이 되면서 수십만 평 보상금이 나왔는데, 이것을 다른 데 쓰지 않으려고 대토(땅 보상금으로 다시 다른 지역의 땅을 구매하는 것)를 알아보고 계셨다. 이런 것은 땅으로 돈을 벌어본 경험이 많은 분들이 알 수 있는 내용들이다. 그래서 이분에게 어떻게 그렇게 투자를 잘 하셨냐고 노하우를 묻자 한마디 하셨다.

"나요? 경제신문을 오랫동안 하나도 안 빼놓고 읽어요. 그리고 직접 다녀보지요."

이런 분과 상담할 때마다 역시 노력 없는 성공이 없고, 부자는 공짜가 없구나 하는 생각이 들었다. 처음에는 가족 중 남편이 부동산 투자를 먼저 시작해 1억 원을 날리고, 그다음에는 2억 원을 날리고 하셨단다. 그래서 남편은 투자 감각이 없는 분으로 판단되어 더 이상은 투자에 관여하지 않으시고, 결국 부인이 부동산 투자의 바통을 이어받았다고 했다.

부동산도 노력과 감각이 중요하다. 부지런히 공부하는 자세로 현장을 배우러 좇아다니다가 '이때다' 하면 종합적으로 판단해 투자금을 던질 수 있는 용기와 분별력이 있어야 한다. 그 이후 이 사모님은 할머니가 될 때까지 집안의 재산을 부동산으로 수십억대로 불려놓는 고수가 되셨단다.

부동산 투자로 성공 경험이 많은 분들과 부동산 상담을 할 때 느껴지는 공통적인 답들이 여기 있다. '시대의 흐름을 읽는 빠른 정보력', '발품', 그리고 '투자를 시도하면서 계속적으로 쌓이는 값진 경험들'이다. 결국 돈은 이런 분들이 번다. "당신은 부자가 되기에 합당하세요"라고 칭찬을 해드렸고, 나도 이런 점을 꼭 배워야지 하고 생각하게 되었다.

돈을 벌어 내 인생의 미래를 준비할 시간은 그리 많지 않다. 부지런하게 주어지는 정보들을 잘 읽고, 해석해서 나만의 감각으로 투자를 해나가는 발 빠른 투자자가 되어야 여유로운 노후를 맞이할 수 있을 것이다.

돈보다
생각이 가난하면
투자 못 한다

자본주의 사회에서는 누구나 돈을 많이 가지고 싶어 한다. 그야 말로 돈이 만능인 자본주의 사회가 아닌가. 그러나 대부분의 월급 쟁이가 돈을 모을 수 있는 데 한계가 있다. 그래서 내가 가진 돈을 많이 불리려면 첫 단계로 종잣돈을 모아야 하고, 투자하는 데 관심이 있어야 한다.

처음 부동산 일을 시작했을 때는 돈을 불리는 투자 방법에 대해 누구나 다 관심이 있을 것이라고 생각했다. 그런데 막상 사람들을 만나 부동산 투자 이야기를 꺼내면 반응이 극과 극이어서 놀랐다. 투자 정보에 관심이 많아서 적극적으로 쫓아다니는 사람이 있는 반면, 아예 나하고는 상관없다는 사람으로 갈렸다.

"투자요? 그게 저하고 무슨 상관인가요? 부동산 투자는 돈 많이 가지고 있는 사람이나 하는 거 아닌가요? 저는 그런 여력이 없어서요."

이렇게 퉁명스럽게 말을 던지는 그들도 사실 돈이 정말 없는 것은 아니었다. 그런데 어떤 이는 투자를 시작하고, 어떤 이는 시작조차 못하는 이유는 돈이 없다기보다 그 사람의 생각이 가난해서였다.

재테크 투자를 한다는 것은 돈을 많이 모으고 난 다음에 시작하는 것이 아니라, 돈을 모으기 시작하는 것부터 투자의 한 단계를 밟아 나가고 있는 것이다. 사람들이 흔히 범하는 오류는 목돈으로 적어도 5,000만 원이나 1억 원 정도는 모은 다음 투자처를 알아봐야 된다고 생각하는 것이다. 그러나 일반적인 월급쟁이가 이 정도의 돈을 모으려면 상당히 오랜 시간이 걸린다. 10년이 더 걸려서이 돈을 실제로 모았다고 해도, 그간 공부하며 발품 팔아 쌓은 실무지식이 없기 때문에 그때는 두려워서 투자를 시작하기가 더욱힘들다. 결국 판단능력 없이 돈을 가지고 고민하다가 지인들의 권유로 괜히 엉뚱한 데 투자했다가 손해를 보는 경우가 많다.

월급쟁이가 부자가 되고 싶다면 투자를 해야 하는데, 부동산에 투자하는 안목은 절대 단기간에 몇 번의 이야기를 듣고 길러지는 것이 아니다. 나는 투자 상담을 하면서 투자를 계속 망설이는 분들에게 이런 이야기를 많이 한다.

"지금 어떤 이야기를 듣더라도 이것을 처음 들었다면 완벽히 이해하기는 힘드실 겁니다. 그러나 내가 상식적으로 판단했을 때 최소한 이 정도는 맞다고 생각되면 시작하세요. 또 최악의 경우 이 정도 금액은 감당을 할 수 있다는 판단이 들면 일단 시작하세요. 왜냐고요? 투자를 시작하는 것 자체가 엄청난 실전 공부이기 때문입니다."

내가 지식이든 돈이든, 완벽한 준비가 된 다음에 투자를 시작하려고 한다면 그때는 절대 오지 않는다. 평생 투자를 못할 수도 있고, 자꾸 망설이다가 아무것도 시작을 못하게 된다. 투자 공부 한답시고 여기저기 강의만 듣고 정보만 비교하다가 10년이 넘게 듣기만 하고 있는 사람도 많이 봤다. 이들은 3년이 가도, 5년이 가도 똑같은 모습을 하고 있었다. 이것은 실전에서 발 빠르게 투자를 시작해 성공과 실패를 몸으로 부딪쳐 배우는 부자의 행동습관을 가진 사람과 그렇지 못한 사람의 차이인 것이다.

이 정도 이야기하면, "돈을 벌고는 싶은데, 나보고 도대체 어떻게 하라고 하는 건가요?"라고 반발할 수도 있을 것이다.

먼저 부자가 되고 싶다면 부자의 생각부터 배워라. 그다음 부자들의 행동을 따라 하면 된다. 부자가 되고 싶다면서 내 생각은 가난한 사람의 생각에 머물러 있다면 절대로 그다음 행동이 나올 수가 없다.

나는 부자들의 인터뷰 내용을 책과 방송매체에서 많이 들어봤는데, 이들은 어릴 때부터 부모님이 과감하게 투자를 시도하는 모습을 보며 성장했다. 물려받은 재산이 있을 경우는 재산을 어떻게 해야 지켜 나가고, 투자로 불려 나가는지를 많이 보고 배운다. 못난 사람들이 시기 질투가 나서 괜히 부자들에게 '졸부'라고 욕하기도 하지만, 부자들의 생활습관은 배울 점이 많다. 부자가 된 사람들은 다 이유가 있는 것이다.

일명 금수저가 아닌, 자수성가형 부자의 경우도 그렇다. 일단 목표를 세워 돈을 모을 때부터 어디에 투자할지 배우며 투자 공부를 해나간다. 그리고 어느 정도 종잣돈을 만들면 그동안 착실히 쌓아왔던 지식을 바탕으로 과감하게 투자를 시작한다. 투자하다 보면 돈이 불어나기도 하고 줄어들기도 하지만, 실전에서 투자의 경험을 쌓아 나가면서 조금씩 자산을 늘리기 시작한다. 그러다가 좋은 운으로 기회를 잘 만나면 크게 자산을 늘려 부자의 반열에 오르는 것이다.

그럼 요즈음 기준으로 얼마를 벌어야 부자라고 부를 수 있을까? 사람마다 기준이 다를 수 있지만, 내가 원하는 최종 단계가 100억 원이라고 한다면, 종잣돈 1,000만 원~3,000만 원을 모으면서 투자를 시작해 1차로 1억 원, 그다음 단계로 10억 원을 만드는 데 집중해야 한다. 어느 정도 부자가 되는 기준점이 여기서부터 시작이 된다고 한다. 처음 종잣돈을 만들 때가 가장 어렵지, 어느 정도 금액이 쌓이면 속도가 붙어 나간다. 종잣돈은 눈덩이 굴리는 것과 비슷하다고 생각하면 된다.

눈덩이 굴리기와 비슷한 종잣돈 모으기

그리고 부동산 투자를 하는 사람은 현장 감각이 빨라야 하므로 발품을 팔아야 하는데, 부자들은 게으르지 않고 부지런해 발 빠르게 확인하면서 움직인다. 부자는 행동하는 데 있어서 엉덩이가 그리 무겁지 않다. 이러한 부자가 되는 방법은 다음과 같다.

첫째, 부자가 되려는 마음을 먹는다.
둘째, 종잣돈을 모으면서 계속 투자 공부를 하고 찾아다닌다.
셋째, 필요할 때 과감하게 투자를 시작해 최초 10억 원을 만드는 데 집중한다.

이것은 부동산뿐 아니라 어떤 투자에도 적용이 되는 이야기다. 그런데 부자들치고 또 유망한 부동산을 소유하지 않거나, 투자 수단으로 부동산을 활용하지 않은 사례가 거의 없었다. 부동산으로 투자를 하는 방법은 앞으로 계속 이야기할 내용이다.

부자가 되고 싶다면 먼저 내 가난한 생각부터 쓰레기통에 버려라. 그리고 지금부터 그들의 행동을 따라 해보자.

부동산만 무조건 투자하면 부자 되는 줄 알았다

"부동산 공부를 왜 해야 하나요?" 하고 누가 물어본다면 이렇게 답할 것이다.

"부동산 투자 공부를 안 하면 나는 부동산 판매업자들에게 호구가 됩니다."

부동산 경매를 배우러 다녔을 때 가르치던 교수님이 이야기해 주셨던 것이 생각난다. 경매를 배우는 이유는 부동산 투자를 배우기 이전에 내가 가진 집이라는 재산을 지키려면 법적인 권리를 알아야 하기 때문이라고 하셨는데 참으로 공감되는 이야기였다.

이번에는 기획 부동산 회사와 양심에 대해 이야기를 해보려고 한다. 기획 부동산 회사는 양심을 버린 곳이라고 이야기하면 어떤 이는 반론을 제기할지 모르겠지만, 나는 그렇다고 단언한다. 왜? 기획 부동산 회사는 태생부터 고객의 입장을 생각하고 생겨난 회사가 아니기 때문이다.

일명 '기획 부동산'은 고속도로나 철도, 신도시 등 개발 예정지의 임야, 농지 등의 땅을 사서 개인에게 작게 분할해서 파는 회사를 말한다. 그런데 앞에서도 설명했듯 임야, 농지 형태의 땅은 그 땅을 개발해서 건축물을 지을 수 있는 허가가 가능해야 써먹을 수 있고, 매매가 되어야 수익을 남길 수가 있다.

땅은 기본적으로 단독등기가 있어야 한다. 그리고 땅 앞에 건축, 개발할 수 있는 도로(도로 폭 최소 4m 이상) 또는 맹지(도로 없는 땅)라고 할지라도 기존 도로에서 가까워서 건축개발이 가능한지를 보고, 가격은 현 시세보다 높지 않아야 한다. 그러나 기획 부동산 회사는 개개인의 땅이 개발이 가능하고 개별 거래가 가능한지는 전혀 고려하지 않고, 큰 땅을 구매해 일정하게 쪼개놓는다. 그 결과 아무리 주변에 개발 호재가 있어서 신도시 등이 들어온다고 하더라도 내가 가진 땅의 소유권이 수십 명의 지분이 들어가 있다면, 그리고 도로가 없어 내 땅에 건축 개발이 안 된다면 거래를 할 수가 없다.

이론상으로는 용도계획상 계획관리지역 또는 자연녹지지역(도시지역)을 파는데, 임야든, 농지든 용도 면에서는 이런 지역이 개발하기 좋은 곳은 맞다. 그런데 땅의 개발이 그리 단순한 것이 아니다. 그러니 이 어려운 땅에 대해 전혀 모르는 일반 사람들이 기획 부동산 회사에서 땅을 판매하는 사람의 말이 맞는지, 아닌지 골라낸다는 것이 여간 어려운 일이 아니다.

그래서 토지가 위치하는 가까운 곳의 부동산 중개사무소, 그것도 땅을 전문으로 하는 곳으로 여러 군데에서 알아보고 실제로 거래가 어떻게 되고 있는지, 그 근방의 비슷한 조건의 토지 실거래가는 어느 정도 되는지, 이런 것들을 직접 따져봐야 한다. 알아보는 게 귀찮아서 판매하는 사람의 말을 의심하지 않고 시키는 대로 샀다면 투자금이 손해가 날 확률이 매우 높다. 책임질 사람은 나밖에 없다.

재산을 늘리려고 투자를 시작할 때 이것부터 기억해야 한다. 세상의 모든 일에는 공짜가 없다. 그래서 반드시 부동산 투자를 위해 지식을 쌓고, 발품을 팔아 실제 거래 상태를 알아보는 대가를 지불하고 얻어야 빼앗기지 않는다.

부동산 투자 상담이라는 재산 다루는 일을 나도 10년 넘게 하고 있지만, 책임감에 어깨가 정말 무겁다. 투자를 한번 잘못하면 그 집안에 미치는 영향이 크기 때문이다. 그래서 투자 상담을 하는 사람들은 부동산 투자 공부를 꾸준히 많이 해야 한다. 책임감을 가지고, 양심 있는 상담을 해야 한다.

또한 자기 재산을 투자하려는 사람은 스스로 부동산 공부를 꼭 해야 한다. 그래야 내 재산을 손해 보지 않고 지켜낼 수 있다.

부동산 투자 상담을 하면서 느끼는 것은 학교에서 경제, 사회 과목은 가르치지만, 정말 살면서 필요한 것은 바로 재산을 관리하는 방법이다. 그런데 나도 많이 찾아봤지만 도대체 재산을 늘리는 방법을 자세히 가르쳐주는 곳이 없다. 우리나라뿐 아니라 어느 곳이든 실제로 돈을 버는 투자 공부를 한다는 것이 정말 쉬운 일이 아니다.

나는 부동산을 투자하면 무조건 원금이 보장되고 땅값이 오르며 누군가는 살 사람이 있을 거라고 생각했다. 그런데 부동산 중 땅 같은 경우는 일정 조건이 갖춰지지 않으면 환금성이 거의 없었다. 수십 년을 기다려도 살 사람이 나타나지 않으면 내 돈은 거기에 묶이게 되는 것이다. 그래서 정말 투자를 위해 계속 발품을 팔아서 알아볼 자신이 없거나, 여윳돈이 많아서 수십 년간 던져놓을 자신이 없다면, 땅 투자는 손을 안 대는 것이 좋다. 땅 투자는 고난이도의 투자이며, 그래서 도박과 같다고 하는 것이다. 당장 써먹을 수 있는 건물을 지을 목적으로 땅을 구매하지 않으면, 내 부동산의 환금성은 장담할 수 없다. 건축물이 들어간다고 해도 입지가 좋지 않으면 역시 시간이 걸리는 것은 각오해야 한다.

그래서 재산관리를 할 때는 균형이 중요하다. 내가 최소한으로 모으고자 하는 금액을 먼저 설정해 그 금액 이상은 무조건 쓰지 말고 모아야 종잣돈이 모이고, 투자라는 것을 시작할 수가 있다. 초보 투자가가 처음부터 종잣돈이 부족해 은행에서 대출을 해 투자를 시작했다가 그것이 만약 회수되지 않거나 손해를 본다면, 그것을 갚느라 오랜 기간을 허비하게 된다. 투자하다가 이와 같은 최악의 상황을 내가 직접 겪었기 때문에 나는 더 이상 그와 같은 기막힌 경우가 생기지 않게 나를 아는 사람들에게 이야기해주고 있다.

또 어느 정도의 목표 금액이 모이게 되면, 이미 그 전부터 투자 에 대한 학습을 해놔야 투자금을 날려버릴 위험성이 줄어든다. 그 리고 자기가 어느 정도의 금액을 투자해야 하는지 설정해야 스스 로의 생활형편에서 무리하지 않는 투자가 진행될 수 있다. 연봉 3,000만 원 기준으로 생활비를 제외하고, 1년에 약 1,000만 원 정 도의 자금을 모을 수가 있다면 이 금액 이상 무리해 투자하지는 말아야 한다. 투자라는 것은 수익을 얻기 위해서인데, 아무리 리 스크가 적다고 해도 원금 손실은 있을 수 있으므로, 만약의 경우 손해를 본다고 가정하고 자신의 생활수준에서 감당할 수 있는 적 정금액은 정해놓아야 한다.

또한 투자를 시작하기 전, 최악의 경우를 고려하고 여유 있는 금액과 투자 기간의 여유를 충분히 가지고 시작하자. 투자에 대해 무지한데 귀는 얇아서 잘되는 것만 생각하고 과감하게 저지르면 결국 사고를 친다. 권유받는 대로 아무렇게나 땅을 사두면 발생되 는 모든 리스크는 내가 다 감당해야 한다. 투자는 양날의 칼날이다. 손실도, 이익도 날 수 있다. 투자를 시작하기 전에 위험성이 전혀 없이 이익만 크게 나오는 투자 상품은 어디에도 없다는 것을 명심하고 시작하자.

2장

일단 시작해야
미래가 바뀐다

2장

투자 경험은
시작해야 생긴다

부동산 투자를 어떻게 시작하면 좋을까? 좀 무식해 보일 수도 있지만, 투자는 일단 저질러야 한다. 신중한 것과 결정장애는 다른 것이다. 물론 부동산도 투자의 한 종류여서 목돈이 들어가는 것이기 때문에 막 던질 수는 없다. 하지만 투자라는 것은 어느 정도 투자 수익이 나온다고 판단되면 한 걸음을 떼어야 그다음 단계로 나아갈 수 있지, 겁이 나서 한 걸음도 떼지 못하면 절대 그다음 단계를 알 수가 없는 것이다. 천리 길도 한 걸음부터라는 말도 있지 않은가.

나도 부동산 관련 일을 하지 않았더라면 첫 부동산 투자는 20대의 나이에 시작하지 못했을 것이다. 그때만 해도 부동산은 나이가 많은 주부님들, 사장님들이나 하는 것이라고 생각했다. 물론 아파트 투자는 젊은 엄마들도 시작할 수 있지만, 특히 땅 투자는 특수한 분야라 투자에 뛰어드는 사람이 많지 않았다.

토지 투자를 처음 시작했던 2005년도를 생각해보니 벌써 15년이나 흘렀다. 지금은 부동산 투자 상담을 하는 연령층이 예전보다 꽤 낮아진 것 같다. 물론 그때는 토지 투자가 생소한 분야이고, 투자하는 땅은 은행대출이 나오지 않아 현금으로 1억 원씩 투자할 수 있는 분들이기 때문에 최소 40대부터 50~60대 고객들이 많았다.

물론 나도 투자를 잘못해 돈을 날리긴 했지만, 부동산을 일찍 배우고 투자하는 것을 시작해 어릴 때 여러 가지 경험을 쌓은 것은 잘한 일이라는 생각이 든다. 내가 매달 급여만 받는 봉급 생활자였다면, 그리고 나이가 한참 더 먹었다면 그렇게 과감하게 부동산 투자를 시작할 수 있었을까? 아니, 그렇게 하지 못했을 것이다.

사람은 어릴 때 무엇을 보고 성장하느냐에 따라 인생을 살아나가는 수준이 완전히 달라진다. 나는 사회초년생 시절에 우연히 땅 투자 상담을 시작하면서 부동산 개발정책부터 공부하고 수많은 직간접 경험들을 했다. 수많은 고객들의 투자 성공담과 실패담을 들으면서 '이렇게 하면 안 되겠구나', '나는 이런 것도 시도해봐야겠구나' 하며 알게 모르게 상담했던 경험을 나의 것으로 만들어 나갔던 것이다. 그렇게 경험을 쌓다 보니 첫 투자에는 실패했지만, 시간이 지나면서 돈을 다루는 실전 노하우와 교훈을 배울 수 있었다.

지금은 아직 큰 자산가가 아니더라도 그 경험들이 나의 재산을 불려 나가는 밑바탕이 되고 있는 것은 분명하다. 또 10여 년 이상 겪은 성공, 실패의 지식들을 활용해 앞으로 더 나은 투자가가 되고, 자산가로서 성장할 것이라는 것을 의심하지 않는다.

그리고 열심히 공부해서 투자를 시작할 때 제발 부동산 투자도 안 해본 가족이나 지인들한테 그만 좀 물으라고 하고 싶다. 이분들은 나보다 더 모른다. 그리고 아예 투자를 해볼 생각도 없는 사람들이 더 많다. 이 사람들에게 도대체 무엇을 기대하고 물어보러 다니는 것인가? 차라리 부동산 관련 책이나 강연을 듣고, 현장을 다녀보고, 자료를 찾아본 후 스스로 판단해서 이 정도면 손해 보지 않겠다는 생각을 하면 그다음에 투자를 시작해보자.

"투자는 저질러야 한다고 하셨는데, 부동산 투자가 어디 한두 푼인가요? 어떻게 나 같은 젊은 직장인이 돈이 얼마나 있다고 과감하게 시작할 수가 있죠?"라는 질문을 할 사람도 있을 것이다. 하지만 부동산 투자도 생각보다 작은 금액으로 가능하다. 초기 투자금이 1,000만 원 정도부터 더 작게는 500만 원에서 시작하는 경우도 있다. 이것은 대부분 레버리지 효과라고 해서 금융기관 대출을 이용하는 경우다. 수익형 소형 오피스텔 분양권의 경우, 계약금 10%에서 시작할 수 있는데 서울이 아닌 수도권, 지방은 대략 1,000만 원 정도부터 시작할 수 있다. 이 외에 주택, 빌라 경매 같은 경우도 주택은 대출이 많이 나오기 때문에 전체 금액의 15%~20% 정도의 투자금으로 시작할 수도 있다.

대출을 이용한 레버리지 효과

물론 이 돈도 없다고 하면 얼른 모아야 한다. 그런데 사실 500만 원, 1,000만 원 정도의 금액을 막상 소비하려고 하면 웬만한 고급 자동차도 살 수 없다. 남자들은 술값으로 친구들과 기분 몇 번 내면 끝나는 돈이고, 여자들은 백화점에서 웬만한 명품백 하나 사는 것도 이 금액 이상 나간다. 그렇다면 나는 그 돈으로 부동산 투자를 시작하는 게 훨씬 낫다고 본다. 이걸로 내가 부자가 되는 밑바탕이 될 것이고, 부자가 되는 실전수업을 확실하게 받게 되는데 아무리 비교해봐도 이것만큼 남는 것이 어디 있나 싶다.

몇 번 강조했지만, 초기 종잣돈도 투자라는 확실한 목표가 있어야 모을 수 있다. 돈이란 늘 한정적이어서 '좀 더 있으면 모이겠지'

하고 시간을 보내고 있으면 돈 쓸 일은 이상하게 점점 더 많이 생긴다.

최근 〈PD수첩〉이라는 TV 프로그램에서 1금융권인 A은행에서 권하는 해외(유럽) 국채 사모펀드 상품이 고위험인지 모르고 투자해서 원금을 다 날린 사례를 봤다. '1금융권이니까 안전하겠지'라고 생각하고 20여 년 모은 퇴직금, 또는 자영업으로 오랜 기간 저축한 돈 1억 원 이상을 하루아침에 모두 날린 분들의 하소연을 들으니 참으로 안타까웠다. 투자 공부를 평소에 전혀 하지 않다가 의심도 안 하고, 위험한 금융 투자 상품에 돈을 맡겼으니 이런 답답한 일이 생기는 것이다.

20대는 직장생활을 한 지 얼마 안 되어서, 30대는 결혼해야 되니까, 40대는 아이들 학비와 뒷바라지한다고 들어가고, 50대는 나이 드신 부모님과 자녀의 결혼 등에 들어가면 가장 뒷전으로 밀리는 것이 나의 노후준비와 투자금이다. 그러면 결국 투자는 포기하게 되거나, 마지막 남은 퇴직금을 투자한답시고 지식도 없는 상태에서 다 날려버리는 안타까운 경우가 생기는 것이다.

그래서 투자는 한 살이라도 어릴 때 빨리 시작하는 게 좋다. 실패도 할 수 있지만, 투자 경험이 있어야 부자 되는 나만의 노하우를 가질 수 있다. 한 살이라도 어릴 때 빨리 투자를 시작하자.

문제를 피하지 말고
해결책을 찾아라

한때 나의 별명은 '잡초'였다. 20대 초반 대학 다닐 때 생긴 별명이었던 것 같은데, 한창 예쁘게 보이고 싶은 여자아이의 별명이 잡초라니. 기가 막혀서 별명을 붙여줬던 친구들에게 왜 이렇게 지었냐고 따지면서 물어보니 '어지간히 밟아도 안 죽으니까 잡초'란다. 내가 생명력이 그만큼 강했다는 뜻이다.

그 별명이 처음에는 듣기 싫었는데, 곰곰이 생각해보니 어떻게 보면 아무나 가지기 힘든 별명이었다. 그래서 은근히 마음에 들어서 나중에는 내가 먼저 이 별명에 대해서 이야기하고 다녔다. 어릴 때부터 꽃이라든지 예쁘기만 한 것들은 나의 관심사가 아니었다. 작고 아기자기한 것보다는 크고 거대한 건물이 눈에 들어왔고, 여행을 다녀도 넓고 웅장한 곳을 보는 것이 좋았으며, 일하는 것도 일반 월급쟁이보다 큰 사업을 하는 것이 나에게는 훨씬 더 매력적이었다.

그런데 잡초라는 게 밟히고 비바람이 불면서 강해진다는데, 신기하게도 잡초의 특성처럼 나는 처음에 뭔가 시작하면 그 일이 한 번에 잘된 적이 별로 없었다. 운동을 해도 그렇고, 공부를 해도 그렇고, 순탄하게 진행되지 않다 보니 고비나 갈등이 많았다. 남들도 다들 나처럼 겪는다고 생각했는데, 같은 일을 시작한 친구나 지인들에게 물어보면 자기는 그런 일이 별로 없는데, 너는 유독 그리 방해가 많이 생기냐고 했다.

어릴 때부터 마음먹은 대로, 뜻대로 일이 안 풀려서 방황을 많이 했다. 중·고등학생 시절, 늘 박혀 있었던 피아노 연습실에서는 실기 입시준비의 치열한 현장이었으므로 연습을 시작하면 초집중을 해야 하는데, 오히려 잡생각이 많이 들어서 괴로웠다.

그래서 시간 날 때 도서관이나 책방에 박혀서 책을 보는 것이 유일한 낙이었다. 책은 주로 사람들의 자서전이나 자기계발 서적을 많이 읽었는데, 각 분야에서 성공한 사람들의 이야기를 읽었을 때 정말 신기할 만큼 공통점이 많았다.

책에 나온 주인공들은 공통적으로 '처음에 힘든 일을 많이 겪었지만, 남과 다른 강한 의지로 결심하고 이겨냈더니 오늘과 같은 좋은 결과가 있었어요' 하는 성공스토리가 많았다. 그래서 나도 자연스럽게 '아, 그렇구나. 지금 잘나간다는 사람들도 다 이런 힘든 시절을 이겨냈구나. 그러면 나도 초긍정으로 무장해야겠다'라는 마음을 먹게 되었고, 그렇게 입시 스트레스도 잘 이겨내면서 생활 태도를 긍정으로 바꿔나갔다. 성공한 분들이 써놓은 책과 친하게 지냈던 것이 나의 정신적인 방황과 사춘기 시절을 잘 넘기게 해준 비결이었던 것 같다.

이런 나의 '잡초' 기질이 부동산 영업을 시작할 때 그대로 발휘 되었다. 일단 시작하면 끝장을 봐야 하는 성격이다 보니 일이 안 풀리고 있더라도 포기를 하지 않았다. 그래서 일은 힘들었지만 참 고 계속하니까 결과가 나왔고, 돈을 벌면서 발전해나갔다. 그러 다 보니 10년이 넘어가는 시간 동안 부동산 일을 지속할 수 있었 던 것 같다. 이제는 다른 일은 재미가 없어서 못하겠다고 이야기 할 정도가 되었다.

부동산 투자에 대해 배우는 것이 재미있고 좋아서 시작하기는 했는데, 20대 시절에는 부동산 투자는 이렇게 해야 돈을 벌고, 이 런 것은 조심해야 한다는 것을 내게 자세히 알려주는 사람이 아무 도 없었다. 회사에서 영업을 하기 위한 부동산 기초지식과 고객 상담법을 배웠을 뿐이다.

그래서 나 혼자 경제신문을 보면서 스크랩도 하며, 부동산 투자 강연을 들었다. 그때는 요즘처럼 쉽게 접하는 유튜브 강좌도 발달 하지 않았던 시절이기 때문에 여기저기 경제 강의를 찾아서 들어 보고 다니는 방법밖에 없었다. 경제신문을 구독하면서 머니박람회와 각종 재테크 강좌를 들으러 다녔다.

또 부동산 일을 통해 만난 고객과 매일 수많은 상담을 했다. 내가 20대였기 때문에 고객들은 대부분 나보다 나이와 연륜이 많았고, 재산도 꽤 모으신 분들이었기 때문에 이분들의 투자 경험을 들으면서 나도 배우는 점이 많았다. 상담을 하면서 들어 보니 투자는 성공한 사례보다 실패한 사례가 훨씬 더 많았지만, 실패 사례에서도 분명 배우는 점이 있었다.

돈을 갑자기 벌기는 했어도 아직 투자에 미숙했던 시절, 직접 땅투자에 뛰어들게 되었다. 설마 잘되겠지 하고 시작했다가 결국 투자금을 수억 원 날리는 사건이 일어나고 말았다. 사람은 살다가 감당하기 어려운 사건이 일어나면 큰 충격을 받는다. 다음 단계는 그 현실을 부정하고 도망을 가고 싶어진다. 사건을 정면으로 쳐다보면 너무 기가 막히고 힘들기 때문이다. 나도 처음 그 일을 겪었을 때는 충격을 받아서 정신 줄 나가는 일이 여러 번 있었다. 무엇부터 해결해야 될지 모르겠고, 아무것도 모르시는 부모님께도 너무 죄송한 데다 내가 혼자 감당하자니 도저히 답이 나오지 않았다.

그 사건 이후 생긴 트라우마로 부동산 일을 다시는 하고 싶지 않아서 수년간 다른 직장도 다녀보고, 아르바이트도 이것저것 많이 해봤다. 그러나 재산을 찾는 소송에서는 졌으며, 무거운 빚은 줄어들기보다 오히려 늘어나는 것 같았다. 몇 년간 방황하다 다시 마음을 먹고 그동안 피해 다녔던 부동산 분야에서 건물 분양 일을 다시 시작하게 되었고, 여기에서 그간의 경제문제들이 이제야 해결이 되고 있다.

나에게 각종 투자를 권유했던 많은 사람들을 경험하면서 느낀 것은, 그들은 투자하면 돈을 벌 수 있다는 말뿐인 기대감만 주었을 뿐, 정말 나서서 책임지고 돈을 벌게 해준 사람은 없었다.

자신의 피 같은 재산을 투자해서 돈을 많이 벌고, 잘되는 것을 기대하지 않는 사람은 없다. 하지만 **내 재산을 다른 사람에게 맡긴다면 어떤 일이 일어나도 책임을 져주지 않으며, 나의 치밀한 검토와 판단이 없으면 앞으로도 남의 말에 질질 끌려 다닐 수밖에 없다.** 내 재산으로 투자가 들어간 상황에서는 내가 가장 잘 알아야 하고 스스로 풀어 나가야 한다. 계속 남의 말에 끌려 다니지 않으려면 말이다.

기획 부동산 회사를 통해 날린 나의 시간과 돈을 몇 년 후 부동산 건물 분양 일을 하면서 다시 모으게 되었다. 처음에 투자했으나 팔기 어려운 기획 부동산 회사의 땅에 대해서도 10년 가까운 시간에 걸쳐 쫓아다니고 해결하려 하면서 많이 배웠다. 지분등기로 쪼갠 땅을 팔기 위해 땅을 개발하는 것도 공부했고, 팔아보려고 그 지역에 있는 부동산 중개사무소도 많이 쫓아다녔다.

모든 것을 만족스럽게 해결할 수는 없었지만, 해결하는 과정에서 스스로 많이 성장했기 때문에 지금은 만족스럽다. 그리고 시련을 겪으며 잡초처럼 일어난 다음에는 훨씬 더 당당해졌다. 살다가 어려운 일을 안 당하면 좋지만, 인생이 그리 자기 마음대로 흘러가지는 않는 것 같다. 살다가 혹시 모아놓은 돈을 날리는 상황을 만나게 된다면 충격 받고 도망치지 말고 적극적으로 해결하려고 쫓아다녀보자. 그래야 그다음 단계로 발전할 수 있고, 투자를 보는 안목이 성장하며, 결국 그 일은 자연스럽게 해결이 될 것이다.

요즘 20대 친구들은 어려운 일이 생기면 정신력이 약해 현실도피를 하는 경우가 많은데, 안타깝다. 이분들은 '잡초' 근성을 좀 배웠으면 좋겠다. 나도 성공한 분들의 생활방식을 배웠기 때문에 지금까지 성장해나가고 있다. 문제가 생기면 적극적으로 알아보고, 대응하다 보면 시간이 어느 정도 걸리긴 하지만 결국은 해결이 되고, 더욱 단단한 사람이 된다. 걱정하지 말고 부딪혀라. 어떤 상황이라도 방법은 찾으면 분명히 나오게 되어 있기 때문이다.

시세차익형 부동산
VS
수익형 부동산이란?

이번에는 부동산 투자에서 수익형과 시세차익형이라는 기초 개념을 먼저 배워보고, 수익형 같은 경우 어떻게 활용하면 좋은지 알아보자. 부동산 투자는 그 성격에 따라 시세차익과 월세수익(임대수익형)으로 나눠 볼 수 있다.

① **시세차익형 부동산** : 전통적인 부동산 투자 방식으로, 말 그대로 부동산을 구매해서 일정 기간 보유하고 있다가 가격이 올랐을 때 팔면 그 차익을 가져가는 것이다. 이렇게 투자하는 방식은 투자한 부동산의 값이 올라야 이익을 가져가게 되는 구조라서 많이 오르게 되면 물론 좋겠지만, 부동산 가격이 오르지 않으면 큰 이익을 볼 수 없다. 보통 아파트의 갭 투자(전세와 대출을 끼고 적은 실투자금

으로 부동산을 구매하는 것가 시세차익의 전형적인 유형 중 하나다.

② 임대수익형 부동산 : 매달 월세를 받는 부동산 형태를 말한다. 이것은 전통적인 방식은 아니지만, 부동산 가격이 오르는 것과 관계없이 월세수익이 나오기 때문에 시세차익에 비해서 위험부담이 적은 것이 특징이다.

내 재산 관리하기 : 댐 관리법

투자 상담을 하면서 느꼈던 수많은 사례와 과거의 경험을 종합해보면 '내 재산 관리법'이 있다. 바로 물을 저장하는 댐의 특성을 활용하는 것이다. 비가 내리면 물이 적게 들어올 때가 있고, 장마 때 한꺼번에 많이 들어오기도 하는데, 이렇게 들어온 물을 흘려보내지 말고 댐으로 막아 잘 저장해둬야 한다. 그래야 가뭄이 오고, 논바닥이 말랐을 때 저장한 물을 풀어서 가뭄으로 인한 피해를 해결하고, 이다음에 비올 때까지 이겨 나갈 수가 있다. 나에게 들어오는 돈을 이와 같이 관리해야 한다.

신용카드는 쓰지 말고, 체크카드를 활용하는 것이 여기에서 나온 지출 방법이다. 신용카드, 특히 할부는 대출의 한 형태로 곧 빚이기 때문에 보통의 급여 소득자들은 도저히 돈을 모을 수가 없다. 따라서 급여가 들어오면 한 통장에서 바로 나가게 하지 말고,

생활비, 적금 등 다른 목적의 통장으로 나눠 관리해서, 정해놓은 금액 이상은 절대 쓰지 않는 것부터가 돈 관리의 시작이다.

쉬운 비유를 들어 이야기했지만, 나도 10여 년 전에는 매일 생활하면서 벌어들이고, 소비하는 돈에 대해서는 그런 생각을 깊이 하지 못했다. 투자를 해보려고 돈을 모아보고, 날려도 보면서 고생하다 보니, 이 '돈'이라는 것이 밀물과 썰물처럼 들어오고 나가는 시기를 탄다는 것을 알게 되었다.

알바 수준의 급여를 받다가 한 달에 수천만 원씩 벌다 보면 흥분하게 된다. 돈이 계속 이렇게 들어오겠지 하는 착각에 빠져 돈이 얼마인지에 대한 감각이 떨어지면서 돈을 함부로 소비하는 실수를 하게 된다. 이것이 20대에 갑자기 돈을 많이 벌게 되었을 때 댐에 물을 저장하지 못하고 날려 보낸 나의 안타까운 모습이었다. 이래서 돈 관리에 소홀하다가 많은 돈을 잃어본 사람들이 '투자 수업료를 비싸게 지불했다'라고 표현하지 않는가?

돈을 갑자기 벌게 되면 마치 피라미 떼가 몰려와서 먹이를 뜯어먹듯, 돈 냄새를 맡고 온갖 사람들이 돈을 달라고 몰려든다. 투자를 권유하는 일을 하는 사람들, 돈을 잘 빌리는 사람들은 이 '돈 냄새'를 기가 막히게 잘 맡는다. 나는 갖가지 투자하라는 권유부터 시작해서 평소 그리 친하지 않았던 사람들도 자기가 다니는 대학교 학비까지 빌려 달라고 하는 것을 봤다. 처음에는 거절했지만 친한 사람들한테 거절도 한두 번이지, 계속 도망 다니기 힘들다 보니 어느새 돈을 빌려주거나, 금융수익상품도 여러 건 투자하게 되었고, 결국은 대부분의 돈을 날리고 말았다.

지인들이 빌려간 돈은 수년이 지난 후에 어느 정도 갚기는 했지만, 다 회수하지도 못했고, 따져보니 손해 본 금액이 더 많았다. 한번 내 주머니에서 나간 돈을 다시 받아내는 것이 쉽지 않다는 것을 경험한 분들은 나의 이 말에 공감이 될 것이라고 본다. 그래서 아는 사람한테는 빌려주지 말고, 내가 감당할 수 있는 소액의 돈을 그냥 주라고 하는 말이 있지 않은가. 이놈의 '돈' 덕분에 사람들과의 인간관계도 여러 번 깨지기도 했다. 20대 후반, 마치 질풍노도와 같은 시기를 보냈던 기간에 처음으로 돈을 많이 벌어봤고, 많이 잃어보기도 했다.

그래서 **돈은 버는 것도 중요하지만, 지키는 것이 훨씬 더 중요하다고 생각한다.** 나에게 들어온 돈을 지키지 못하면 아무리 많이 번다고 해도 밑 빠진 독에 물 붓기가 되어서 절대 돈을 모을 수가 없다. 투자를 하는 첫 번째 단계가 '돈 모으기'이기 때문이다. 그런 측면에서 **부동산은 내 돈을 함부로 나가지 못하게 묶어두는 좋은 댐 구실**을 한다. 부동산이 재테크의 요건 중 환금성이 떨어지는 것이 오히려 장점인 셈이다. 예금계좌에 넣어두고 바로 쓸 수 있는 돈은 꺼내 쓰기가 쉽기 때문에 그만큼 모아둘 수 없는 단점도 있다. 그래서 언제든 꺼내 쓸 수 있는 돈은 내 돈이 아니라고 생각해야 한다. 주변에서 끊임없이 돈을 지출하게 만들기 때문이다. 그리고 돈을 계획성 없게 쓰다 보면 쓸 곳이 끊임없이 나와서 돈을 도저히 모아둘 수가 없다. 아예 자물쇠를 채워서 나갈 수 없도록 잠궈 놓아야 한다.

금융 투자 상품 중에도 수익률이 높은 상품은 함부로 중간에 돈을 뺄 수 없게 되어 있는 것이 정상이다. 예금보다 수익을 좀 더 주는 적금 상품을 봐도 그렇다. 그래야 그 기간에 목돈을 가지고 여기저기 수익으로 굴릴 수 있다. 이와 같이 환금성이 어려운 상품인 부동산을 가지고 돈 모으는 특성으로 활용하면 딱 좋다.

수익형 부동산은 거기에다 매달 월세도 갖다 주는 안정적인 효자 역할도 할 수가 있다. 수익형 부동산은 월세를 받기 때문에 시세가 올라서 차익을 얻는 것은 기대하지 말라고 많이들 이야기한다. 그러나 수익형을 구매한 지역이 신도시이면서 개발 호재가 많든지, 직장인이 풍부한 산업단지가 많아서 임대수요가 풍부하다든지, 오피스텔 같은 주거용 원룸이 많이 지어지지 않아서 희소성이 있다면 시세도 수천만 원 오를 것으로 기대할 수도 있다. 그렇게 되면 매달 꼬박 들어오는 월세에다가 시세차익도 수천만 원 이상을 받는 두 마리 토끼를 다 잡는 경우도 생긴다. 투자성이 있는 입지분석을 열심히 공부하고, 움직이는 투자자에게 이런 행운도 들어오는 것이다.

먼저 돈에 대한 귀중함을 알고, 돈 쓰는 것을 통제할 수 있는 사람이 돈을 모을 수가 있다. 그리고 반드시 종잣돈을 모아야 투자가 시작된다. 직장인의 월급으로만 인생을 살아나가기 싫다면, 투잡을 하고 싶다면 이 과정을 거쳐라. 그리고 수익형으로 가야 직장 이외의 나머지 시간에 비교적 안정적인 수익을 가져다주는 부동산을 굴릴 수 있다.

월급쟁이
부동산 재테크 시작하기

경제활동을 하는 대다수의 사람들이 월급쟁이다. 월급쟁이는 매달 돈이 들어오기 때문에 안정적인 수입이 들어온다는 생각이 든다. 그런데 막상 무슨 일이 생겼을 때 돈을 좀 쓰려고 보면 쓸 돈이 없다. 휴가 내서 해외여행이라도 길게 다녀오고 싶은데 돈도 부족하고, 시간 내기도 참 어려운 것이 월급쟁이의 현실이다. 하지만 이렇게 계속 살다 보면 결국 부자 되는 것을 포기하는 사람이 많아 참으로 안타까운 것 같다.

직장인은 하루 중 대부분의 시간 동안 직장에 묶여 있기 때문에 다른 일을 하나 더 한다는 것은 참으로 어려운 일이다. 그러나 일반적인 직장인들의 월급이 그리 만족스럽지 않기 때문에 매월 일정 금액의 추가 수입을 원하는 사람이 많다. 그렇다면 시간이 한

정되어 있는 사람들이 추가 수입을 매달 만들어낼 수 있는 방법이 무엇일까? 나는 수익형 부동산으로 투 잡을 하는 방법을 제안하고 싶다.

매월 한 달 월급 수준을 200만 원 이상이라고 가정하고, 월 순수익 기준으로 40만 원~80만 원의 추가 수입을 만들기 위해서 투자금을 3,000~6,000만 원 정도 만들면, 1억 원 초중반의 수도권 지역 오피스텔 기준으로 2채 정도를 받을 수 있다.

그렇다면 본격적으로 월급쟁이가 부동산 투자를 시작하려고 한다면 어떻게 해야 될까? 단계별로 정리해보자.

0단계 : 먼저 부동산으로 부자가 되겠다는 마음을 먹는다. 그 마음이 간절해야 된다. 그리고 중도에 포기 안 한다고 선언하라.

1단계 : 종잣돈을 모은다(가장 중요한 첫 번째 단계다. 이게 없으면 시작할 수가 없다).

첫 번째 단계인 종잣돈을 모으는 것은 일단 매월 10만 원~20만 원짜리 적금으로 시작해서 일단 1,000만 원~3,000만 원까지 모아두면 좋다. 시중 은행보다 이자율이 높은 저축은행을 활용하는 것은 많이들 상식으로 알고 있을 것이다. 적금 기간은 보통 1년 또는 2년 만기로 짧은 것이 좋다. 왜냐하면 3년 만기는 중간에 꼭 깨야 할 일이 생기거나, 현실적으로 유지하지 쉽지 않은 경우가 많다. 보험상품으로 돈을 모으는 것은 10년 이상 장기간을 요구하므로 돈을 모아서 다시 투자하는 데는 적합하지 않다.

그런데 월 10만 원씩 모은다면 1년에 약 120만 원 정도밖에 모이지 않는다. 따라서 만약에 돈을 더 빠르게 모아야겠다고 생각하면 적금 상품 금액을 20만 원으로 하되, 적금을 여러 개 만드는 게 좋다. 그런데 한 적금에 월 100만 원씩 모으지 않고, 왜 여러 개를 추천하느냐면 앞에 말한 이유와 동일하다. 매월 납입금액이 크면 부담스럽고, 적금을 유지하지 않을 확률이 높다.

100만 원짜리 1개는 깨기 쉽다. 하지만 20만 원짜리 5개는 그중 급한 일이 생기면 1개는 깰 수 있어도 4개를 다 해지하는 것은 어렵기 때문이다. 그만큼 내가 손대지 못하게 돈을 관리하는 것이 가장 중요하다.

내가 자산을 30억 원 이상 가지고 계신 분과 상담했을 때 배운 것이 있다. 500만 원이 넘는 돈은 일반 예금계좌가 아니라, 수익 높은 CMA계좌나 채권 등의 상품에 무조건 넣어놓고 있었다. 이 분들은 투자도 신중하게 하지만, 돈을 쉽게 뺄 수 있는 곳에 넣어놓지 않았다. 그리고 0.1%의 이자율도 더 받으려고 민감하고 빠르게 반응하는 것을 봤다. 오히려 자산을 모으지 않고 그달 그달 월급만으로 살아가는 사람들이 소비하는 금액이나 이자에 대해 자산가들처럼 민감하지 않은 것 같다.

명심하라. 자산을 만드는 것은 안 쓰고 모으는 것이 투자하는 것보다 더 중요하고 먼저다. 아끼는 습관이 있어야 돈이 모일 수 있고, 그다음을 준비할 수 있다. 자린고비라고 욕을 좀 들으면 어떤가. 모으는 것은 평생 습관이 된다. 그리고 속도를 내고 싶다면 최소 생계비를 제하고 무조건 적금으로 모아라. 그래야 목표금액을 따져봤을 때 그래도 2년~3년 안에는 돈을 모아서 시작할 수 있다.

나도 돈을 큰 액수(월 수천만 원)를 벌어봤지만, 많이 벌어도 또 그만큼 소비의 유혹이 오기 때문에 돈이 언제 나갔는지 모르게 사라지는 것을 경험했다. 돈을 모은다는 것은 명확한 목표 없이는 절대 안 되는 일이다.

2단계 : 부동산 소액 투자처를 여러 군데 알아보고. 미리 지역이나 상품의 특성을 공부해놓는다. 책도 보고 각 지역의 모델하우스. 그리고 부동산 등을 방문하되 확신이 갈 때까지는 내가 투자의 내용을 소화하고 활용할 수 있도록 숙지하는 데 집중한다.

3단계 : 돈이 모이고. 이 정도면 되겠다는 생각이 들면 부동산 투자를 시작한다. 보통 1,000만 원 정도부터 시작할 수 있다.

4단계 : 관리하기 / 매매 경험 쌓기 – 수익형 부동산을 잘 사놓으면 월세가 기본이기는 하지만, 지역을 잘 고르면 5년 정도 월세를 받다가 어느 정도 오른 시점에 매매를 해서 시세차익도 남길 수 있다. 땅도 오르는 시기를 보고 팔듯, 오피스텔은 8년~10년 이상 보유하지 않고 파는 것을 권한다. 그래야 다양한 지역의 투자 경험을 습득할 수 있고, 오른 돈으로 또 다른 이익을 보는 기회를 잡을 수 있다.

앞서 이야기했지만 **수익형 부동산은 잘 모르겠으면 신축으로 시작하라.** 당장 보기에 좀 비싸더라도 직장이 많고, 교통 요지이며, 누가 봐도 거래가 잘되는 중요 상업밀집지역의 수익형 부동산으로 시작하는 것이 쉽다. 그래야 나중에 팔고 싶을 때 적정한 가격으로 팔 수 있다.

이제 투자를 막 시작한 초보 투자자는 상품에 대한 설명을 많이 듣는다고 확신이 오는 것이 아니다. 그래서 역시 충동구매보다는 꾸준한 정보 수집을 하다가 시작한다. 또 내가 자산의 여력이 있다고 하더라도 투자의 경험이 쌓이기 전까지는 1~2채씩 구매하는 것이 좋다. 내가 가지고 있는 자산의 여력을 생각하지 않고, 부동산을 구매하는 것은 그 자체로 큰 문제다. 여유가 있는 사람이라고 하더라도 부동산 투자 경험이 적은 것 자체가 큰 리스크가 될 수 있다. 물론 부동산을 거래해본 경험이 있고, 확신이 있는 사람은 스스로 판단력이 있으므로 알아서 하면 된다.

월급쟁이지만 나름대로 준비를 잘 해서 부동산으로 큰돈을 벌고 싶은가? 그렇다면 가장 먼저 장착해야 할 미덕이 바로 '간절함'이다. 부자를 부러워하고, 부자가 되고 싶다는 생각을 하는 사람은 많다. 부자에게 질투가 나는지 욕들도 많이 한다. 그러나 결심하고 행동을 시작하는 일이 쉬운 일이 아니다. 부자가 되겠다는 '간절함'이 나에게 무한한 힘을 가져다 줄 것이다. 바로 그 차이에서 행동이 나오고, 행동하면 부자로 이어지는 다음 단계로 하나씩 올라가는 것을 경험할 것이다. 돈 잘 버는 남들을 부러워하지 말고, 지금부터 행동하는 사람이 되자.

백만장자의 비밀에
부동산이 있다

TV 뉴스에 대기업의 회장과 그 가족들이 나온다든지, 드라마에 재벌이 나오면 사람들은 부러워하면서도 보는 시선이 곱지 않다. 나는 이렇게 힘들게 살고 있는데, 너희들은 돈을 어떻게 그렇게 많이 가지고 있느냐며 배 아파하는 심리인 것 같다.

내가 부모를 잘 만나 금수저로 태어나지 않은 이상, 또 재벌과 결혼을 해서 그 집안 사람이 되는 행운을 차지하지 않는 이상, 백만장자, 부자가 되고 싶다면 자수성가를 해야 한다. 그래서 자수성가형 부자를 중산층 직장인이 부자가 되는 롤모델로 삼으면 된다.

우리나라에는 전통적으로 부동산으로 부를 쌓은 사람이 많다. 그것은 우리나라가 좁은 땅덩어리에 인구가 많이 몰려 살고 있는 것, 그리고 전 세계적으로 유래가 없는 급속한 경제발전과 산업화를 이루었던 것과 연관되어 있다. 또한 성질 급하고 부지런한 국민성으로 빠른 개발이 진행될 때마다 부동산 대박 신화를 터뜨린 사람들이 많이 탄생했다. 현재의 압구정동이나 용산, 강남의 부동산 복부인이 등장하는 드라마를 봐도 많이 나오니 굳이 설명할 필요는 없을 것 같다.

10여 년 전 내가 부동산 투자하는 일에 입문할 때 우리나라 땅 구성의 기초를 배웠다. 우리나라 땅이 전국에 산지가 70%이고, 농지가 20% 정도인데, 도시지역은 5%정도밖에 안 된다고 배웠다. 이것을 듣는 순간, 대부분 산지인 우리나라에서 개발할 수 있는 땅이 한정적이고, 특히 도시지역의 인구밀도가 이렇게 높으니 부동산 가격이 그리 많이 올랐구나 하는 생각을 했다. 특히 서울을 비롯해 산업이 발달한 지역과 농촌, 산과 농지가 많은 지방 같은 경우는 격차가 엄청나고, 인구도 역시 점점 몰리는 현상이 일어나는 것이 보였다. 그래서 부동산에서 그동안 신화와 같은 일들이 일어났던 것을 이해하게 되었다.

땅을 가지고 일어선 사람들은 개인뿐이 아니다. 대기업들의 예를 들면, 보통 서울의 요지에 본사나 사옥 부지를 넓게 사놓는다. 보통 10년 이상 20~30년 정도 이후를 예상하고 부지를 확보해놓는다.

지금 우리나라 최고층 빌딩인 잠실역 L타워 역시 30여 년 전부터 부지를 사놓고, 서울시의 건축허가를 기다리다가 때가 되어 건축이 이루어졌다. 물론 초고층이라서 까다로운 심의 때문에 시간이 오래 걸리기도 했지만, 대기업들은 보통 부지 확보를 땅값이 오르기 한참 전에 미리 해놓는다.

땅을 건축하기 직전에 샀다면 그 가격이 너무 비싸서 건축하기 힘들었을지도 모르는데, 부지를 미리 사놓았기 때문에 땅값에 대한 부담은 훨씬 적을 것임을 예상할 수 있다. 큰 수익이 왔다 갔다 하는 중요한 요소인데 대기업이 놓칠 리 없다.

또 풍납동의 A병원 같은 경우도 수십 년 전부터 H기업 재단에서 넓게 부지 매입을 해서 1차, 2차, 3차로 증축을 하며 조금씩 개발이 이루어졌다.

처음 땅값이 평당 100원대 정도 하던 시절에 매입을 했다는 소문이 돌았고, 지금은 평당 수천만 원씩 가는 지역이 되었다. 잘 모르는 분들은 왜 당장 짓지도 않으면서 부지를 엄청 넓게 사놓는지 의문을 가지는 사람도 있었을 것이다. 그런데 지금 와서 보니 땅을 미리 사두지 않았다면 5년, 10년 후 신관을 증축할 때 땅값 부담이 얼마나 클지, 여기서 저축되는 금액이 얼마나 큰지 땅값을 한번 계산해보면 바로 나올 것이다.

세계적인 기업인 S전자 같은 경우도 강남역 서초동 요지에 사옥을 짓고 컨트롤타워를 만들어 땅값을 올려놓았는데, 어느 정도 자금이 필요할 때 건물을 팔아서 자금을 마련하는 것을 봤다.

대기업이 사옥을 비롯해 유망 지역의 부지를 넓게 사들이고, 이것을 개발한다거나 자금이 필요할 때 부동산을 팔아서 유동 자금을 확보한다던지 하는 것은 지금도 뉴스에 심심치 않게 찾아볼 수 있다.

처음부터 부동산을 가지고 장사를 생각하지 않더라도, 땅값의 상승을 이용해 기업의 자금을 마련하는 것은 분명 충분히 가능한 일이다. 이것이 우리나라 부동산 가격의 시세차익을 활용해 재산을 잘 만들어내는 방법이라고 본다.

그럼 나는 대기업처럼 돈이 없는데 어떻게 이것을 따라 하느냐고 반문할 수도 있을 것이다. 그러나 돈이 많든, 적든 '부동산을 활용할 생각을 가지고 있느냐?'가 중요한 것이다. 소액을 가지고 있더라도 부동산을 활용해 시세차익을 얻으려면 건물 같은 경우는 대출을 이용해 투자하는 것이 가능하다. 돈을 억대로 가지고 있더라도 부동산을 활용할 방법을 생각하지 않는 사람에게는 부동산 수익을 얻는 기회가 생길 수 없다.

소득을 벌어들이는 법은 다양하지만, 일정 금액 이상 모은 다음(일명 종잣돈이 생기고 나서는)에는 분명히 현금이 아닌, 부동산으로 자산을 불려 나간 사례가 너무도 많다. 일단 내가 부자가 되고 싶다면, 이들을 시기 질투해봤자 나에게 도움이 되는 것은 전혀 없다. 그러나 이들을 따라 한다면 나는 부자에 한 걸음 다가가는 것이다.

부동산은 돈이 많은 사람만 투자하는 것이 아니라, 관심을 가지

고 시작하는 사람이 기회를 잡을 수 있다. 이제부터라도 부자들의
방법을 따라 해보자.

골드미스,
부동산 투자로 홀로서기

"왜 결혼은 안 하시나요?"

이 질문을 받을 때 여자로서 시집을 '안 간' 것과 '못 간' 것의 차이를 생각해보게 된다. 사람들의 시선이 중요하다고 생각하지는 않으나, 이왕이면 시집을 아직 '안 갔다'라고 보이고 싶은 것이 사람의 마음이다. 나이를 먹는다는 것은 슬프기도 하고, 시간의 흐름이 빠르기에 정신을 차리면 훅 지나버리지만, 갈수록 내 인생에 대해 그리고 나와 함께한 부모님에 대한 책임감은 더욱 강해지는 것 같다.

나는 고등학교를 졸업하고 20살을 맞이할 때(지금 생각하면 얼마 나이 먹지도 않았지만) 어른이 되면 어떻게 살아야 하는지에 대해 깊이 생각했다. 어릴 때 부자로 태어나지 않아서 그저 공부를 열심히 하고 악기를 하나 다룰 줄 아는 평범한 학생에 불과했지만, 한번 태어난 이상 멋지게 잘살아 보고 싶었다. 그래서 직업도 다양하게 많이 경험해보고, 투자도 이것저것 다양하게 찾아다녔고, 성공과 실패도 겪어보며 평범하지만은 않은 시간을 보냈던 것이다.

그동안 사실 부동산 투자만 한 것은 아니다. 각종 펀드나 투자 금융상품, 외환 등 소소하게 투자도 많이 해봤다. 물론 금융 투자는 원금 보장이 안 되기 때문에 원금도 건지지 못했던 투자 경험이 대부분이다. 결국 수익형 부동산 투자로 방향을 찾기까지 실패한 경험들이 지금 나의 밑바탕이 되었다.

결혼을 하든, 안 하든 그것은 개인의 선택이다. 그러나 싱글로 살아가는 경우 남편 없이 혼자 자신을 책임져야 하기에 더욱 연금과 같은 수익이 필요하다. 그리고 결혼을 한 사람들도 들어오는 수입이 빡빡해서는 당당한 자신을 찾기가 어렵다. 부부 싸움의 가장 큰 원인 중 하나가 월급의 분배와 생활비의 지출문제인 것을 주변에서 수없이 봤다.

나는 시간과 경제의 자유를 누리기 위해 부동산 투자를 시작했다. 돈은 나이가 많이 들어서도 필요하지만, 업그레이드 된 나의 인생을 위해 젊었을 때부터 연금과 같은 매달 나오는 추가 수입은 절대 포기할 수 없는 것이다.

한 TV 다큐 프로그램에서 재산이 상대적으로 많고, 적은 사람의 외모와 건강상태를 비교한 흥미 있는 방송을 해준 적이 있다.

재산이 많은 60대 부부는 외모부터 실제 나이보다 10년은 젊어 보였고, 그 집보다 재산이 상대적으로 절반 이하인 부부는 실제 나이보다 한참 노안으로 보였다. 둘의 차이는 확연히 달랐다. 외모뿐 아니라 건강상태 결과도 똑같이 나온 것을 보고, 역시 노후에는 반드시 돈의 여유가 있어야 한다는 것을 확실히 느꼈다.

투자 관련 일을 하고 있기 때문에 뉴스를 자주 들여다보는데, 우리나라 부부가 60대 이후 매달 월 생활비가 최저 265만 원 이상이라는 통계를 봤다.

MK 매일경제 MBN | 뉴스 오피니언 프리미엄 연예 스포츠 증권 부동산 교육 비즈&
뉴스홈 전체기사 경제 기업 사회 국제 부동산 증권 정치 IT·과학 문화 기획·연재 Special Edition 인기뉴스 암호화폐 오늘

보험개발원 은퇴시장 리포트

10명중 6명꼴로 부담 예상
자녀 1명당 예상부양비 2.1억
부부생활비 최소 月265만원

이승훈 기자 | 입력 : 2019.01.28 15:30:24 수정 : 2019.01.29 16:09:23 💬 6

지금의 40·50대는 은퇴생활 준비가 부족한 것으로 조사됐다. 국민연금에 대한 의존도가 큰 데다 은퇴 뒤에도 자녀를 부양해야 하는 경우가 많기 때문이다.

보험개발원이 28일 발간한 '2018 KIDI 은퇴시장 리포트'에 따르면 2017년 기준 전국 6개 특별·광역시 거주자를 대상으로 한 설문조사에서 40·50대중 56.6%는 '은퇴 후에도 자녀부양 부담이 예상된다'고 응답했다. 10명 가운데 6명꼴인 셈이다.

이들이 예상하는 은퇴 후 자녀 1인당 부양 부담은 교육비가 평균 7258만원, 결혼비용이 평균 1억3952만원으로 조사됐다. 자녀 1명당 교육·결혼에 2억원을 웃도는 비용을 지출한다는 얘기다. 이는 자녀 1명당 예상되는 비용으로, 자녀가 더 있으면 지출 비용은 커질 것이라는 분석이다. 실제로 보고서가 인용한 국민연금연구원 패널조사에 따르면 은퇴 시점에 '배우자가 돈을 벌지 않았다'는 응답자는 38%, '자녀가 미혼 상태였다'는 응답자는 34%, '미취업 상태였다'는 응답자는 22%로 나타났다. 은퇴 후에도 가족 부양 부담이 상당하다는 의미다.

은퇴 생활 준비 부족과 관련된 기사

출처 : 이승훈 기자, 노후 준비 막막한 40·50 ⋯ "은퇴 이후에도 자녀부양",
〈매일경제〉, 2019년 1월 28일 기사.

2장. 일단 시작해야 미래가 바뀐다

특히 노후에는 나이가 많기 때문에 각종 질병에 대한 의료비가 들어가는데, 적게는 연간 500만 원부터 많게는 연간 8,000만 원이 넘는 엄청난 금액의 의료비가 발생한다고 한다. 성인병인 당뇨, 고혈압부터 시작해서 암이나 치매, 뇌졸중, 중풍 등 질병으로 고생하는 노인들이 많기 때문에 이 정도의 비싼 치료비가 발생하는 것이다.

이런 통계를 보험회사에서 활용해 보험으로 노후 대비를 하라고 써먹는 것을 봤다. 그러나 보험회사에서 일부 보장해준다고 하더라도, 실제로 중병에 걸렸을 때 보험금을 청구해보면, 이것저것 조건이 까다로워서 보험금을 타기가 쉽지 않다. 더구나 먹고살기 빡빡한 일부 사람들이 나쁜 마음을 먹고, 대형 보험금을 노린 보험사기도 많기 때문에 전체적으로 매달 내는 보험금이 올라가 성실한 일반인이 피해를 보기도 한다. 결국 내가 건강을 미리 잘 관리하는 것이 중요하며, 상황이 발생했을 때 스스로 건강을 지킬 수 있는 재정의 여유를 확보하는 것이 무엇보다 중요하다.

돈을 버는 이유는 무엇일까? 시간과 재정의 여유를 확보해서 더 풍요로운 인생을 즐기기 위해서다. 또 사랑하는 사람들을 지켜줄 수 있는 경제적인 여유가 있어야 이 자본주의 사회에서 어려움 없이 잘 살아나갈 수 있다.

내가 능력이 있을 때 돈을 벌어 놓는 것도 중요하고, 나의 능력을 개발시켜 전문성을 갖춰놓고 나이가 들면 그동안 쌓아놓은 전문성으로 꾸준히 돈을 벌어들일 수 있는 능력을 갖추는 것도 중요하다. '나이가 들면 입으로 먹고살 수 있는 사람이 되면 좋다'라고 나도 늘 입버릇처럼 후배들한테 이야기하고 있다.

내가 부동산 투자를 시작한 이유는, 사람은 살다 보면 사고가 나거나 건강을 잃는다든지 직장에서 실직을 한다든지 하는 변수가 얼마든지 발생하는데, 그때 나와 가족을 지킬 수 있는 대안이 경제적으로 준비가 되어 있어야 극복을 잘 해나갈 수 있기 때문이었다. 그런 방법 중에서 일반인이 비교적 어렵지 않게 접근할 수 있는 재테크 방법이 바로 부동산, 특히 수익형 부동산 투자다.

〈국가부도의 날〉이라는 영화를 보면, 1997년 IMF 금융구제를 받은 사건에 대해 나온다. 영화라서 일부 과장된 면은 있을 수 있지만, 참으로 공감되고 눈물도 났던 영화였다. 그때 일부 기득권층이나 돈 있고 머리가 좋은 사람들은 기회를 잘 잡아서 돈을 벌기도 했으나, 가장 많이 피해를 본 사람들이 바로 돈이 없고 위기를 준비하지 않은 수많은 서민층이었다. 생각해보면 그때 참 많은 기업이 도산하면서 정규직도 많이 없어졌고, 젊은이들은 취직하기가 훨씬 더 어려워졌다. 또한 결혼도 포기하고 아이도 낳지 않으며, 정년퇴임도 빨라지고 사회가 급속도로 살기 빡빡하게 변했다. 자본주의라는 것이 어떤 맹점이 있는지 사회현상을 살펴보면서 돈 없고 미래에 대한 준비 없이 서민의 위치에서 살아간다는 것이 우리나라에서 얼마나 위험한가 하는 생각이 든다.

골드미스가 되고 싶다면, 미스뿐 아니라 누구든 황금 노년을 맞이하며 나의 인생을 묶고 있는 시간과 돈에서 자유롭고 싶다면, 젊을 때부터 부동산 투자를 공부하고 시작해야 한다. 직장인들을 인터뷰 해보면 직장은 원하는 때까지만 다니고, 아니면 일을 때려치우고 건물주가 되는 것이 꿈이라고들 한다. 그런데 막상 건물을 사고팔아 본 적도 없고, 관리해본 적도 없는 사람이 목돈을 모은 다음, 갑자기 투자성이 좋은 건물을 운 좋게 사들일 수 있을까? 이것이 어렵다는 것은 질문하는 사람도 이미 알고 있을 것이다.

빡빡한 일상에서 탈출하고 싶지만, 변화 없이 살고 있는 이유는 내가 하던 대로 사는 방식이 편해서다. 그러면 내가 원하는 인생은 절대 올 수 없다. 언젠가 닥칠 위기를 준비하고 제2의 멋진 인생을 살려면 지금 편한 생활을 박차고 당장 부동산 투자를 시작하자.

골드미스는 스스로 선택하는 것이고, 내가 시간과 돈에서 자유롭다면 주변에서도 나를 부럽게 봐줄 것이다. 나는 부동산 투자를 통해서 주변에 좋은 영향력을 보여주는 골드미스가 될 것이다.

3장

돈 걱정 없이
살고 싶다면
수익형 부동산 투자를
하라!

3장

돈이 없을수록
수익형 부동산에 투자하라

나는 현직 수익형 부동산 투자 상담사다. 부동산 일을 하면서 고객들과 수많은 투자 상담을 하고 있다. 하지만 유럽처럼 잘 갖춰진 복지국가가 아닌 우리나라에서, 노후가 완벽하게 준비되어 있다는 사람을 많이 만나 보지는 못했다.

자본주의 사회에서 '돈'이 없이는 아무것도 할 수 없다. 내가 젊고 한창 일할 수 있을 때 벌었던 돈을 충분히 모았다가 퇴직 이후 연금처럼 소득이 매달 나오면 좋겠다는 생각을 누구나 한다. 그 요술램프처럼 돈이 꾸준히 나오는 방법이 바로 수익형 부동산 투자다.

그럼 수익형 부동산이란 무엇일까? 앞서 말했듯 부동산 투자는 크게 시세차익을 목적으로 하는 부동산과 매달 월세수익을 받는 부동산으로 나뉜다. 땅 투자나 아파트 투자는 시세차익을 위주로 하고, 매달 월세수익을 목적으로 하는 것이 바로 수익형 부동산이다. 수익형 부동산의 가장 대표적인 형태가 소형 오피스텔과 상가이고, 도시형 생활주택이나 아파트형 공장인 지식산업센터, 분양형 호텔, 그리고 레지던스라고도 불리는 생활형 숙박시설이 있다. 약간의 차이점만 있을 뿐 모두 월세를 받는 수익형 부동산 종류다.

그럼 돈이 없을수록 왜 수익형 부동산에 투자해야 할까?

타 부동산 투자보다
상대적으로 소액이라 부담이 적다

수익형이 아닌 다른 분야의 부동산 투자에는 아무래도 목돈이 들어간다. 토지는 기본적으로 수백, 수만 평의 임야, 농지 등 크기가 있기에 금액이 적지 않고 또 개발 가능성을 따져야 하는 등 매우 어려운 투자인 것은 앞에서 이야기한 적 있다.

서울 수도권의 아파트는 아무리 작아도 실투자금이 2~3억 원부터 10억 원대까지는 내 돈이 있어야 하기에 사기 어렵다. 설사 산다고 하더라도 오르지 않으면 시세차익을 얻을 수 없다. 아파트는 수억 원의 목돈이 들어가기에 시장에 내놓고 팔 때도 빠르게 매매하거나 제값을 받는 게 쉽지 않다. 아파트는 기본적으로 금액이 크기 때문에 월세보다 전세로 진행하는 경우가 대부분이다. 그래서 매달 월세를 받는 것이 어려운 형태다.

시세차익보다 월세 투자는 투자 리스크가 적다

아파트 투자는 시세차익을 위주로 하는 투자로, 특히 대출과 전세를 활용해서 내 자본이 적게 들어가는 투자를 '갭 투자'라고 한다. 이 갭 투자는 대출이자까지 나가게 되기 때문에 시세가 오르지 않거나 혹시 떨어질 경우 매달 이자까지 내면서 손해를 감당해야 한다. 그러나 수익형 부동산의 경우 수도권의 원룸 오피스텔은 거래가가 1억 원대 초반에서 시작하므로 실투자금 3,000만 원대부터 시작할 수 있다. 가장 중요한 것은 시세가 오르지 않더라도 매월 임대수익을 받을 수 있다는 점에서 리스크가 적다고 할 수 있다.

소형원룸은 매매에 있어서도 아파트보다 상대적으로 거래금액이나 사이즈가 작으므로 분산 투자의 개념으로 시작할 수 있으면서, 매매 시 소액일 경우 거래가 훨씬 편하다. 물론 매매가보다 프리미엄을 받고 원하는 가격에 매매하는 것은 해당 부동산의 입지가 유망 지역이거나 개발 호재 등이 있어야 한다. 그러나 기본적으로 오피스텔은 교통이 좋은 상업지에 위치하기 때문에 역세권이나 주변 편의시설, 그리고 기업들이 많은 지역이라면 환금성도 크게 걱정할 필요는 없다.

신축 분양을 추천하는 이유

초보 투자자가 신축 건물을 분양받는 것이 나은 이유는 매매와 관리가 쉬워서다. 부동산 투자가 처음이라면 같은 수익형 부동산 중에서도 지어진 지 오래된 원룸 빌라를 사는 것보다는 신축 오피스텔을 분양 받는 쪽을 추천한다. 상가는 또 다른 개념이지만, 소형 원룸이나 오피스텔은 거주의 개념이라 특히 신축을 추천하는 편이다. 왜냐하면 신축은 관리가 쉬운 반면, 오래된 건물은 관리가 쉽지가 않다. 그래서 지은 지 10여 년이 넘은 빌라 같은 경우는 여기저기 고장이 잦기 때문에 건물 수리하는 데 나름 도사가 되어야 한다.

오래 써서 한참 낡은 중고차를 매입하게 되면, 처음 매입가는 싼데 여기저기 고장 나서 수리비가 더 많이 나온다는 말을 들어본 적 있을 것이다. 그런데 집수리를 할 때 들어가는 금액은 천차만별이라 건축을 직접 해보신 분들이거나 직업으로 집수리나 관리를 해보신 분들이 아니고서는 사실 귀찮은 일이 많이 발생한다. 한밤

중에 수도관이 터진다든지, 보일러가 고장 난다든지, 집이 노후해서 발생되는 일에서 집주인과 세입자와의 갈등도 생긴다.

오래된 건물은 경매로 받아 시세차익을 남기는 위주로 투자하는 분들도 있는데, 이것도 싸게 낙찰받거나 뭔가 주변에 개발 호재가 있지 않으면 제값을 받고 파는 것도 쉽지 않다. 예쁘게 리모델링을 해서 판다고 하면 내가 들어가는 투자금액 대비 수리비가 들기 때문에 얼마의 손익계산이 나는지 세밀히 따져볼 줄 알아야 한다.

신축 오피스텔은 최소 몇 백 세대가 있는 건물이라 건물 관리업체가 따로 있다. 큰 문제가 생기지 않는 이상 건물 관리업체의 관리가 체계적으로 진행되고, 집주인과 세입자는 월세를 내거나 임대계약을 할 때 외에 특별히 마주칠 일이 별로 없다. 집주인의 얼굴을 보지 않고, 근처 부동산 중개사무소에 임대 위탁을 해서 부동산에서 임대계약을 진행하는 일도 많기 때문에 집주인은 거의 월세 관리만 하는 편이다. 신축 건물 중 가장 신축이라고 한다면 분양받는 오피스텔 주상복합 건물일 수 있다. 신축은 내부시설이 고장 날 일이 많지 않기 때문에 관리할 때 수명이 긴 편이라고 볼 수 있다. 신축 오피스텔은 운영하기도 편하고, 투자자의 시간과 노력의 제한을 덜 받는 장점이 있다.

투자성을 따지고, 개별 입지를 따지는 것은 시세차익을 얻을 때 필요하다. 건물을 관리하러 다니고 임대를 놓는 데 있어 신축 분양으로 진행한다면, 오피스텔 같은 경우는 분양가를 과도하게 비싸게 받지만 않는다면 귀찮을 일이 없다. 오피스텔을 살 때 여러 군데를 매입해보고 투자 지역이 어디가 좋은지 서로 비교해보기를 추천한다. 특히 초보 투자자는 시장을 읽는 능력이나 경험이 떨어지므로 가능한 신축으로 투자해야 나중에 팔기도 쉽다.

그리고 투자로 오피스텔을 고를 때 또 하나의 팁은, 이왕이면 세대수가 많은 곳을 고르라는 것이다. 예전에 인천 송도국제도시에서 아파트 단지 내 상가 안에 있는 세대수가 적은 오피스텔 투룸에 거주한 적이 있다. 그때 전체 세대수가 50세대가 채 안 되는 작은 단지였는데, 월세는 70만 원 선에 관리비가 기본 25만 원에서 40만 원이었다. 냉·난방비를 거의 안 쓰는 계절에도 보통 30만 원이 관리비로 빠지는데, 내역을 자세히 보니 세대수가 적어서 공동 관리비금액이 엄청 높았다. 지역 부동산 중개사무소에서 이야기해준 것인데, 이 '살인적인 관리비'는 임차인들이 입주를 꺼리는 요인 중 하나였다. 개인적인 경험이지만 임대를 놓는 것은 입지가 가장 중요하긴 하지만, 이런 요인도 무시할 수 없다.

투자라는 것은 나의 자본금의 상태, 투자 기간, 그리고 어느 정도의 수익을 목적으로 접근하느냐에 대한 분명한 계획이 있어야 한다. 부동산 투자도 개인의 여건에 따라 시작할 수 있는 금액의 차이도 있고, 투자 레벨의 차이가 존재한다는 것을 먼저 인정하라.

부동산 투자 고수들은 이미 실패도 많이 경험해보고, 수익을 보기도 하면서 자기가 경험한 분야에서 자신만의 노하우를 쌓아가고 있을 것이다. 내가 이야기하는 내용은 부동산 초보 투자자가 시작할 때 무엇부터 하면 좋은지 제안하는 것이다. 한마디 덧붙인다면 부동산 투자는 한번 사놓고 내버려 두는 것이 아니라, 지속적인 관심을 가지고 시장의 변화를 잘 지켜봐야 한다. 어느 정도 기간이 지나면 (3~5년 이후) 되팔아보면서 다음 수익 시장이 어딘지 찾아보는 노력을 기울여야 한다. 관심을 가져야 투자 유망지역이 보이기 시작하고, 그러면서 부동산 시장을 읽는 안목이 키워진다. 자기만의 소신을 가지려면 직접 부동산 투자를 해봐야 하는데, 한정된 자본으로 단기간에 수익을 봐야 하므로 어느 정도 시간이 지나면 팔아서 다른 곳으로 갈아탈 줄도 알아야 한다.

누가 여기가 좋다더라 하면 생각 없이 따라다니지 말고, 나만의 소신과 경험을 가지고 움직이는 진정한 투자자로 거듭나기 위해 게을러지지 말자. 매달 돈을 버는 일보다 재산을 불리는 일이 어떻게 보면 더 중요한 일이다. 그래야 부자라는 위치에 한 발짝 다가갈 수 있고, 나의 노후가 여유로워진다. 세상에 공짜가 없고 일확천금도 없지만, 투자 방면에서 노력했을 때 반드시 그 대가를 가져다준다는 것을 명심하자.

수익형 부동산
Q & A

수익형 부동산을 분양하면서 자주 받게 되는 질문들이 있다. 많이 듣는 질문을 바탕으로 한 질의응답이다.

Q. 아파트나 오피스텔을 신규 분양받을 때, 시행사, 시공사, 신탁사는 무엇인가?

*시행사 : 시행이라 함은 땅을 매입해서 건축을 하는 사업의 주체를 말한다. 작은 규모부터 큰 규모까지 땅을 사서 건물을 올리는 주인이 되는 것이다. 보통 오피스텔 주상복합은 작게는 100~200실부터 크게는 1,000~2,000실 정도로 규모가 다양하다.

*시공사 : 건설을 하는 회사를 말한다. 부동산 그룹 또는 건설그룹에서 시행과 연계해서 진행하기도 하지만, 대부분 건설만 전

문으로 진행한다. 건설사가 1군인 경우 브랜드를 쓰기도 하는데 시행과는 구분을 지어야 한다. 건설사의 규모에 따라 건설사가 책임준공을 맡기기도 하는데, 책임준공이라는 것은 시행사와 관계없이 건설사가 책임지고 끝까지 시공을 완료하게 된다는 의미다. 분양받는 사람 입장에서는 좀 더 안전한 진행사업이라고 보면 된다.

*신탁사 : 신규 분양은 건축물이 준공이 되지 않은 상태로 선분양을 주로 하기 때문에 신탁사 수분양자의 계약금을 보증해주는 곳이라고 생각하면 된다. 그리고 시행사가 땅을 샀다고 하더라도 건축을 해본 경험이 부족할 수 있으므로 신탁사에게 개발이나 관리를 맡겨서 진행을 해야 사업의 대출이나 여러 인허가 과정이 원활하게 진행된다. 수분양자가 새로 분양을 받게 되면 건설사나 시행사가 부실한 것이 있다고 하더라도 신탁사를 통해 계약금을 보호받게 되어 있다. 건축물 분양에 관한 법률이 제정되기 전 1990년대 초 동대문 굿모닝시티라는 건물을 지을 때 신탁사가 없이 다른 건설사 계좌로 돈을 받다가 부도가 나서 분양받은 사람들이 돈을 날리는 사건이 크게 터진 이후 이 법률이 만들어졌다. 그 이후 일정 규모 이상의 건물은 신탁사를 통한 개발을 의무적으로 진행하고 있다.

그 외에 분양형 호텔같은 경우 **운영사**가 있다. 호텔은 단독으로 일반임대를 하는 상품이 아니기 때문에 전문 운영사가 필요하다. 운영사는 기존의 운영경력이 있는 곳, 또는 새로 법인을 만들어

3장. 돈 걱정 없이 살고 싶다면 수익형 부동산 투자를 하라!

운영하기도 하는데 호텔 수분양자들은 입지나 운영사의 능력에 따라 분양가의 몇 % 선을 운영이익으로 받기 때문에 정말 회사운영이나 수익이 잘 나올 것인지 따져봐야 한다.

Q. 수익형 부동산을 분양받을 때 계약순서는 어떻게 되나?

오피스텔은 계약금이 보통 10% 정도 들어가는 곳이 많다. 계약금을 내고 계약서를 작성하면 계약은 끝난다. 그리고 중도금 대출을 받는 것과 임대사업자를 내는 단계까지 해서 계약은 마무리된다.

그리고 중도금은 바로 대출은행으로 연결하기도 하고, 1차 중도금을 자납(고객이 납부)하는 경우가 있다. 잔금 전에 중도금 1회분 (통상 10%) 정도를 한 번 내고, 은행에서 대출로 납부해주다가 그다음 잔금으로 연결한다. 중도금은 자납을 포함해 50%에서 60%로, 잔금은 통상 20%에서 30% 선이 들어간다.

중도금 대출과 잔금 대출을 헷갈리는 분들이 있는데 구분하면 다음과 같다. 분양받을 때 중도금 대출은 계약 시점부터 잔금을 낼 때까지 대출을 해주는데, 2금융권에서 진행하는 경우가 많다. 잘 모르는 사람들은 1금융권이 무조건 좋은 줄 알지만, 1금융권은 까다로워서 분양받는 사람의 소득수준이나 신용등급을 따지기 때문에 오히려 대출이 안 나오는 경우가 많고, 오피스텔을 여러 채

계약했을 경우 1채나 2채 이상은 안 나오기도 한다. 결국 고객 입장에서는 2금융권이 훨씬 낫다. 1금융권보다 이자가 비싸겠지만 오피스텔의 경우 시행사에서 거의 이자 부담을 해주기 때문이다.

중도금 대출은 건물이 준공이 되면 갚아야 하는데, 준공이 완료된 이후 담보 대출을 받아 중도금 대출을 갚고 잔금도 넣는다. 잔금 대출은 준공 이후에 받으므로 1금융권으로 대출이 이뤄져 이자가 낮다. 대출을 싫어 하고 자금력이 있는 수분양자는 자납을 하기도 한다. 준공 이후 입주 지정일이 나오기 때문에 법무사를 통해 등기 받는 것, 임대 놓는 것 등이 동시에 이뤄지며 바쁘게 돌아간다.

Q. 수익형 부동산의 세금은 어떤 것이 있나?

수익형 부동산은 건물등기를 받은 후 취등록세를 4.6% 낸다. 이것도 주택임대사업자를 내는 사람은 면제 또는 평형대에 따라 15%만 내고 나머지를 면제해준다. 등기를 받고 운영할 때 주택임대사업자를 낸 분들은 5월에 종합소득세 신고를 한다. 일반임대사업자를 냈을 때는 부가가치세(월세의 10%)를 세금으로 낸다.

Q. 일반임대사업자와 주택임대사업자는 어떤 차이가 있나? 오피스텔은 어떤 사업자를 먼저 내나?

수익형 부동산은 사업자를 내는 경우와 안 내는 경우가 있는데, 사업자를 내면 주택 수에 포함되지 않고, 사업자를 내지 않고 전입신고해 주거로 쓰면 주택으로 간주된다. 물론 아파트나 빌라를 가지고 있어도 마찬가지다.

오피스텔은 사무실로 쓰는 경우와 주거용으로 쓰는 경우가 있으므로 일반임대사업자와 주택임대사업자를 선택해서 낸다. 상가(근린생활시설)와 생활형숙박시설(레지던스)은 주택으로 간주되지 않으므로 일반임대사업자만 낸다.

일반임대사업자는 의무유지기간이 10년이며, 혜택으로는 분양받은 수익형 부동산의 부가가치세(건물분의 10%)를 환급해준다. 그런데 부가가치세는 계약금을 내는 순간부터 발생해 환급 신청을 해야 하므로, 계약과 동시에 사업자 신청을 먼저 해야 환급이 가능하다(신청 시기 : 계약과 동시).

주택임대사업자는 의무유지기간이 5년이며, 취등록세를 환급해주는 혜택이 있다. 그래서 등기를 받는 시점 전에 미리 낼 필요는 없고, 등기 받는 시점에 임대사업자를 내면 혜택을 받을 수 있다. 또 주택임대사업자는 40㎡ 소형인 경우 재산세도 85%나 감면받는다. 일반임대사업자는 0.25% 감면이다(2021년 12월 말까지 적용됨).

다만 일반임대사업자는 주택임대사업자로 변경 가능한데, 주택임대사업자는 일반임대사업자로 변경이 불가능하다. 이 외에 자세한 내용은 국세청 사이트 등을 참고하면 된다.

 * 이 답변은 2019년 12월을 기준으로 작성했으며, 정책이나 법이 바뀌면 변동될 수 있다. 국가에서는 임대사업자를 밀어주는 분위기이므로 임대사업자는 기본적으로 내는 게 유리하다고 보면 된다.

Q. 오피스텔과 요즘 생활형 숙박시설이라는 레지던스가 있던데, 둘은 어떤 차이가 있는가?

오피스텔은 1년이나 2년으로 보증금/월세를 받는 일반임대를 하는 상품이고, 레지던스는 일반임대에다가 숙박업을 또한 공식적으로 할 수 있는 건물이다. 오피스텔에서 숙박업을 운영하면 공식적으로는 불법이다. 숙박업을 할 수 있는 원룸이 부족한 인천 영종도, 서울 홍대입구 같은 곳에서는 불법으로 오피스텔에 숙박업을 운영한다는 사례도 있긴 하다. 수요가 많은 지역이기 때문이다.

오피스텔은 주택임대사업자를 내면 전입신고가 가능한데, 레지던스는 주택임대사업자를 낼 수 없고 일반임대사업자만 내기 때문에 임차인이 전입신고가 되지 않는다. 따라서 전세자금대출이 안 되고, 전세로 임대를 놓는 게 어렵다는 단점이 있다.

오피스텔이 가장 일반적인 수익형 부동산 상품이고, 레지던스는 여기에 숙박업을 하나 더 할 수 있는 시설인데, 오피스텔이 일반인에게 잘 알려진 상품이라 일반임대에는 유리한 점이 있다. 둘다 장단점이 있다고 보면 된다.

Q. 호텔 중 일반인에게 분양하는 호텔이 있던데, 이것은 어떻게 수익을 볼 수 있는지 궁금하다. 그리고 호텔을 분양받을 때는 어떤 점을 특히 주의해서 계약을 해야 하는가?

분양하는 호텔은 요즈음은 줄어들었지만, 3~5년 전에는 많이 지었다. 관광진흥을 위한 특별 법률이 만들어졌다가 폐지되었기 때문이다. 모든 부동산이 그렇듯 호텔도 입지조건이 확실해야 하는데, 도심에 있는 비즈니스 호텔과 관광지에 있는 호텔이 있다. 호텔은 손님을 확실하게 받을 수 있는 이유가 있어야 한다.

첫째, 많은 손님이 올 수 있는 입지조건이 좋아야 한다.

둘째, 호텔 분양은 운영사가 중요하다. 보통 분양형 호텔에서는 확정수익을 주는데, 가장 많이 유행했던 형태가 오픈하고 최초 1년 동안 대략 분양가의 7~8% 수익을 주는 것이 일반적이었다. 여기서 잘 따져볼 것은 호텔이나 숙박업을 분양할 때 분양가의 몇 %로 수익을 주느냐, 아니면 실투자금의 몇 %로 수익을 배분하느냐가 전혀 다르다. 그래서 계약서 조항에서 특히 확정수익 부분은 잘 따져봐야 한다.

셋째, 그동안의 경험상 지역에 대한 팁을 이야기하자면 3~4년 전 통계에 전국의 호텔의 60~70%가 제주도에 분양물량이 몰렸다. 그리고 상대적으로 강원도가 적었다.

호텔은 가동률이라고 해서 한 달간 빈 방 없이 얼마나 숙박운영이 잘되는가로 그 기준을 볼 수 있는데, 전국에서 가동률이 70%를 넘는 지역이 서울, 부산, 제주 그리고 인천이다. 그 지역 중에서 인천의 영종도 같은 경우 거의 80~90%의 가동률을 보이고 있어 나름 숙박업에서는 유망한 지역이라고 볼 수 있다. 이것은 공항의 영향으로 새벽이나 밤중에 비행기를 이용하는 사람들이 이용하고, 관광객들도 제일 먼저 방문하는 곳이기 때문이다.

질의응답은 여기까지 하고, 세금에 대해서는 매년 또는 2~3년마다 정책에 따라 바뀌는 것이 있으니 국세청이나 정리된 기사 등을 참고하는 것이 좋겠다. 부동산은 특히 금액이 크고 거래가격이 드러나는 금액이므로 절세를 알아보는 데 게으르면 안 된다. 그래서 연소득이 1억 원대가 넘는 분 이외에도 부동산 자산을 가지고 있는 사람들은 전문 세무사와 함께 의논하는 것이 좋다. 이런 데에 돈을 아끼다가 더 큰돈을 잃을 수 있다. 절세는 자산을 지키는 중요한 방법이다.

3장. 돈 걱정 없이 살고 싶다면 수익형 부동산 투자를 하라!

그리고 내 재산에 대해 분양을 받거나 매매한 뒤 세금을 내고 신고하는 것을 귀찮아하면 안 된다. 그래서 초보 분양자의 경우 오피스텔을 분양받아 보면서 실제로 배워 나가는 것을 즐거운 재산 늘리기 수업 과정이라고 생각했으면 좋겠다. 그 과정에서 배우는 것이 많고, 역시 이론과 실제는 다르다는 것을 많이 경험하게 될 것이다.

요즘 정책에 맞는
수익형 부동산 투자법

　부동산에 관심이 있지만, 부동산 정책은 계속 나오는데 봐도 모르겠고, 너무 어렵다는 분들이 많다. 이미 나온 정책도 분석하기 어려운데 새로운 제2, 제3의 정책이 줄줄이 나오고 쫓아다니면서 볼 의욕이 없어진다고도 한다. 하지만 부동산은 개발정책도 봐야 하고, 규제에도 관심을 가져야 한다.

　우리나라에서는 대통령이 바뀔 때마다 그에 따른 방향을 가지고 부동산 정책도 계속 바뀌어왔다. 과거 대통령들의 정책을 가지고 연구하는 것도 부동산 투자를 공부하는 데 도움이 된다. 하지만 이번 정권에서 부동산에 대한 어떤 태도를 유지하고 있는가 하는 것을 알고 부동산 투자를 접근하는 것은 투자의 기본 자세다.

　부동산 투자는 건설경기, 그리고 국가기간산업을 개발하는 것과 밀접하게 연관되어 있다. 그래서 우리나라의 고속도로, 산업단지, 철도 등 초고속으로 개발이 진행될 때 부동산 가격의 변화 폭이 컸고, 이것을 활용해 과거 수십 년간 부동산 투기꾼들도 많이 등장했다. 그러나 이번 대통령 정권에서 일관되게 진행하고 있는 부동산 정책은 주택으로 부동산 투기를 막는 규제의 성격을 가지고 있다.

부동산 투자를 위해서는 정부의 부동산 정책의 흐름이 어디를 향하고 있는가, 금리가 저금리이냐, 고금리이냐 하는 것을 기본으로 알고 있어야 한다. 그리고 이것을 활용해 자기만의 방법으로 투자를 시작해야 한다. 남들이 투자한다니까 그냥 따라가서는 안 된다. 투자는 기본적으로 심리전이라는 것을 알아야 한다.

경기가 불황이라 투자를 안 한다는 사람은 호황기에도 또 다른 이유로 투자를 못할 것이다. 그러나 어디든 틈새 시장이 있다. 그럴 때 무조건 투자를 한다, 안 한다고 하는 것보다는 지금 무엇이 싼지, 앞으로 어떤 지역이 오를지에 귀를 기울여 현재 저평가 되어 있는 물건을 찾아내야 한다.

예를 들어 아파트 가격이 5년째 오르고 있다면, 지금 그 지역에 투자를 들어가면 더 오르기보다는 하락세를 탈 확률이 크다. 차라리 3년~5년째 집값이 떨어지고 있는 지역은 교통이 좋고, 앞으로 유망지역이라고 평가된다면 사두는 것도 괜찮다.

① 현재 시점에 정부의 규제는 1가구당 집을 여러 채 가지고 있는 것에 집중되어 있다.

② 서울 또는 투기지역에서 주택을 구매하는 사람들에게 규제가 집중되어 있다(투기지역 : 서울 전 지역, 성남시, 하남시, 과천시, 세종시 등)

규제를 한다는 것은 1가구 2주택, 1가구 3주택자들이 집을 또 구매할 때 투기가 의심되기 때문에 각종 부동산세 중 보유세와 종합부동산세, 양도세 등을 높게 받는다. 또 이런 조건의 사람들이 새로운 아파트를 구매할 때 담보대출을 거의 해주지 않는다. 대출이 이번 정부에서 너무 까다롭다는 이야기들이 주변에 많이 나오고 있다. 그래서 이런 다주택자들이 규제를 피해 임대사업자를 낸다든지, 주택 가구 수에 포함되지 않는 수익형 부동산으로 전환하라고 투자 전문가들도 많이 권하는 것이다.

수익형 부동산을 투자한 사람들은 대부분 임대사업자를 낸다. 임대사업자 중에서는 앞서 말했듯 주택임대사업자와 일반임대사업자가 있는데, 오피스텔은 두 가지 사업자를 다 내고, 생활형 숙박시설이나 상가는 일반임대사업자만 낸다.

일반임대사업자는 현재 기준으로 분양가에서 부가가치세(건물분의 10%)를 면제해주고, 주택임대사업자는 건물 등기 시 내는 취등록세가 4.6%인데 대부분 면제해준다. 세입자가 전입신고가 가능하며 전세를 놓기 위해서, 또 전세자금대출을 이용하기 위해서는 주택임대사업자를 내면 된다. 이런 임대사업자를 내는 것은 공식적으로 임대사업을 하는 것이므로, 내가 가진 주택 수에 포함되지 않아서 규제를 피해 갈 수 있는 장점이 있다.

정책이라는 것은 매년 조금씩 바뀌기 때문에 현재 기준으로 이야기한 것이지만, 이런 정보를 참고해서 수익형 부동산을 살지, 주택을 살지 참고할 수는 있을 것이다. 지금 정부의 정책을 세부적으로 쪼개기보다는 전반적인 흐름을 어떻게 읽고 대처하는 게 좋을지 간단하게 정리해봤다. 늘 변동되는 것은 있을 수 있지만, 정책 흐름을 읽는 연습을 해보고 귀를 기울인다면 흐름을 읽고 대처할 수 있게 될 것이다.

전문가들은 왜
수익형 부동산을 추천하나?

어떤 분야든 전문가들이 있다. 최소한 그 분야에서 10년 이상 공부를 하거나, 또는 그만큼의 기간 동안 실전에서 투자 경험을 쌓아서 남을 지도해줄 수 있는 사람들이다. 물론 전문가들의 의견도 다양하게 엇갈리기도 한다. 그러나 요즈음 신문, 칼럼, 뉴스, 투자 카페 운영자들, 그리고 최근 떠오르고 있는 유튜브 방송에서 접하는 부동산 전문가라고 하는 분들의 의견을 종합해보면 몇 가지 공통점을 찾을 수 있다.

최근 5년 이상의 부동산의 흐름을 종합할 때, 투자는 수익형 부동산으로 하는 것을 추천한다. 그 이유는 다음과 같다.

① 저금리 시대

② 1인 가구 시대

③ 부동산 다주택자 규제 정책

④ 저출산으로 집에 대한 소유 개념이 예전과 달라졌다.

그동안 부동산이라고 하면 '땅' 또는 '집'을 말하는 것이었다. 땅은 국토 개발이 엄청나게 이루어졌던 40~50년 전에 크게 보상을 받거나 개발로 돈을 번 경우가 많았다. 집은 주로 아파트인데, 서울과 분당, 판교, 최근에 뜨는 과천, 하남 등 수도권에서 아파트값이 엄청나게 상승했다. 그래서 우리나라의 전통적인 부동산 수익은 '시세차익', 즉 개발로 부동산의 가격이 오르면 팔아서 돈을 남기는 개념이었다.

그러면 지금은 어떨까? 우리나라의 국토개발 중 큰 개발(고속도로 등)은 많이 진행되었고, 이제 낡은 곳을 재정비·재개발 하거나 미개통 구간을 잇는 사업이 진행 중이다. 물론 땅은 기회는 있으나 예전보다는 기회가 줄었다. 거주의 특성으로는 아이를 많이 낳지도 않고, 1인 가구가 많이 늘어나고 있으며, 집값이 너무 비싸졌다. 그래서 집을 무조건 소유의 개념으로 보지 않고 거쳐 가는 공간, 쉬는 공간 정도로 보는 인식이 커지고 있다.

또 예전에는 세금의 비중이 그리 크지 않아서 집을 200채, 300채 소유하고도 임대수익을 신고하지 않는 사람들이 대부분이었다.

그것을 팔았을 때 많이 남는 구조였다. 그런데 이제는 집을 몇 채 사두고 다주택자가 되면 정부 규제정책의 타깃이 된다. 종합부동산세, 보유세, 양도세와 서울의 투기지역, 또는 수도권을 포함한 조정지역인지도 체크해야 하는데 잘못하면 '세금폭탄'을 맞을 수도 있다. 그래서 그동안 부동산에서 '시세차익' 또는 '갭 투자' 같은 주류가 아니라, 비주류였던 '월세' 받는 수익형 부동산이 이제 추천 부동산으로 떠오르기 시작한 것이다.

가장 대표적인 오피스텔, 상가, 임대주택 등 월세형 부동산은 이런 집값 규제와 부동산 갭 투자의 불확실성을 잠재우는 좋은 대안이다. 앞서도 이야기했지만 굳이 가격이 올라야 하는 '시세차익'이 없다고 하더라도, 매달 발생하는 월세가 있기 때문에 임대만 맞춰졌다면 크게 걱정할 것이 없다. 요즈음은 월세를 '매달 받는 시세차익'이라고도 한다. 물론 수익형 부동산도 입지만 좋다면 길게 가지고 있을 때 시세차익도 날 수 있다.

또한 정부정책상 '주택'에 해당되지 않는 임대사업자를 내는 상품이기 때문에 각종 세금에서 많이 자유롭다고 볼 수 있다. 요즘 정책상 임대사업자를 내면 세금혜택을 주어 많이 밀어주는(?) 분위기다(자세한 내용은 주택임대사업자 관련 혜택을 참조하면 된다).

그리고 규제를 피하기 위해서는 물론 지역 선정도 중요하기 때문에 금액도 비싸고, 투기로 묶인 서울지역보다는 수도권, 그중에서 조정지역을 피한 신도시 쪽을 찾아보는 것이 낫다.

예전 고도성장기와 베이비붐 세대를 거친 부모님 세대에는 '내 집 장만'이 최고의 목표였다. 그러나 집에 대한 소유개념이 달라졌다. 지금 집 한 채를 서울에서 사려면 상대적으로 비싸졌을 뿐 아니라, 내 집에 대한 소유 목표가 예전보다 약해서 장기렌트 전세, 월세, 그리고 공공임대주택 등으로 다양화되고 있기 때문이다. 오히려 평생 마련한 집을 역모기지론으로 내놓고, 연금으로 바꾸는 추세인 것도 알아야 한다.

신축 오피스텔 분양상담을 하는 고객들 중에서는 아직 집은 장만하지 않았지만, 월세 받는 수익형 상품을 구매해서 집보다 월세 수익을 늘려보고자 돈을 모으는 젊은 부부들도 있었다. 이분들은 집을 소유하는 재산 개념이 아니라 거주하기 위한 편리성에 초점을 두고 집 장만에 당장 관심이 없었다. 이렇게 과거의 투자 패턴을 버리고 앞서가는 투자 개념을 가진 사람들도 점점 늘어나고 있다.

여기서는 전문가들의 여러 의견 등을 간단하게 종합하고, 부동산을 구매하러 온 수많은 고객들을 상담하면서 배우게 된 생각들을 요약해봤다. 투자에 대해서는 각자 나름의 의견들이 다를 수 있다. 전통적인 부동산으로 부를 쌓는 방법들도 물론 좋겠지만, 이제 바뀌어가는 새로운 흐름을 찾고 앞서 나가는 것이 진정한 투자자의 자세가 아닌가 싶다.

4장

그래서
어디를 살까요?

4장

지금 서울의 인구는
줄고 있다

나는 서울 시민이다. 대한민국의 수도이면서 서울만한 도시가 없다고들 하고, 알다시피 정치, 경제, 문화의 핵심지요, 엄청난 인구를 자랑하는 곳이다. 그래서 부동산 땅값, 집값도 엄청나게 비싼데, 부동산 상담을 하다 보면 무조건 서울만 투자한다는 분들, 그리고 아파트만 고집하는 분들이 많다.

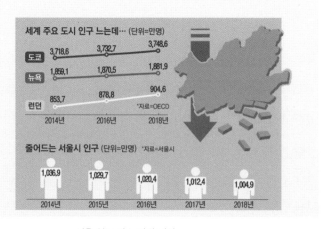

늙고 쪼그라드는 서울…`인구 1000만` 붕괴 눈앞

서울, 고령사회 첫 진입

작년 1004만명 천만 턱걸이
65세 이상 인구가 14% 넘어

인구감소 원인은 `높은 집값`
작년 경기도로 36만명 떠나
갈수록 활력 잃은 도시로
"재개발 등 풀어 주택공급을"

최현재 기자 | 입력 : 2019.09.17 18:02:11   수정 : 2019.09.17 19:53:36   💬 0

서울 인구 감소 관련 기사

출처 : 최현재 기자, 늙고 쪼그라드는 서울 … '인구 1000만' 붕괴 눈앞,
〈매일경제〉, 2019년 9월 17일 기사.

위의 〈매일경제〉 기사를 보면, 이미 서울의 인구는 2011년을 기점으로 1,000만 명 이상 최고점을 찍었다가 7년째 매년 감소하고 있고, 수도권 쪽으로 계속 빠져나가고 있다. 그 이유로 전문가들은 '높은 집값'을 꼽았다. 이렇듯 서울 인구가 계속 줄고 있는데, 언제까지 집을 사들여서 오르기를 기대하고 있는가?

부동산에 있어서 인구의 변화는 가장 기본적인 참고자료인데, 아직도 서울의 아파트에만 목을 매는 수많은 고집쟁이 투자자에게 이 같은 뉴스는 꼭 참고하라고 말하고 싶다. 하지만 그렇다고 서울을 투자하지 말라는 이야기가 아니다. 여기서 말하고 싶은 것은 과거의 고정관념에 매여서 변화하지 않고 똑같은 방식으로만 투자하는 고집쟁이들이 많아서이고, 또 하나는 투자는 하나도 하지 못하면서 고정관념에 갇혀 투자를 꺼리는 분들에게 시야를 넓히라고 이야기하고 싶은 것이다. 일례로 그분들에게 "서울 외에 투자할 곳이 많아요. 수도권이나 전국이 투자처입니다"라고 이야기하면, "내가 투자를 안 하려는 이유는 우리 집에서 멀어서예요. 우리 집은 서울이거든요"라는 식이다.

그러면 부동산 투자는 어떻게 접근해야 할까? 투자라는 것은 시대의 흐름을 읽으면서 움직여야 한다. 여러 가지 요소가 있지만, 가장 첫 번째로 눈여겨봐야 할 것은 '인구가 어디로 움직이고 있는가?' 하는 것이다.

인구가 빠르게 증가하는 곳이 어디인가? 서울은 빠져나가는 추세이고, 최근 인구가 급격히 늘어나는 곳 중 주목해볼 곳은 경기도의 판교, 동탄과 평택 신도시, 인천의 송도나 청라, 영종 같은 신도시다. 왜냐하면 아직 신도시 아파트 개발도 한창 진행 중이고 무엇보다 IT, 바이오기업, 산업단지, 관광, 리조트, 공항, 항만 같은 대규모 국책사업이 진행 중이라 기업인구들이 지속적으로 유입되는 환경이기 때문이다.

그렇다면 아파트는 가장 안전한 투자처인가? '서울'과 '아파트'에 집착하는 분들은 과거의 학습효과라고 생각할 수 있다. 그동안 오르는 것을 봐왔으니까. 그러나 시야를 넓혀 보면 아파트도 중대형이 아니라 소형으로 바뀌고, 작은 원룸 오피스텔과 같은 수익형 부동산이 점점 필요해지고 있다. 그 이유는 2000년 이후 15년간 급격하게 늘어난 1인 가구의 증가 때문이다.

통계청에서는 2047년이면 열에 일곱이 1·2인 가구가 될 것이라고 보고 있다. 독거노인이 늘고, 비혼(非婚)·만혼(晚婚) 인구 증가로 1인 가구는 37.3%에 이르고, 결혼한 2인 가구도 35%를 차지하기 때문이다.

따라서 부부와 자녀 두 명으로 구성된 4인 가구에 맞춘 주거 생활의 개념이 점점 1인 가구로 바뀌고 있기 때문에 아파트도 소형화 되고, 원룸, 투룸 위주의 주거시설이 많이 필요해질 것으로 전망할 수 있다.

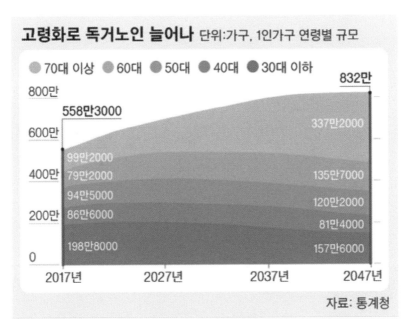

고령화로 독거노인 늘어나 단위:가구, 1인가구 연령별 규모

● 70대 이상 ● 60대 ● 50대 ● 40대 ● 30대 이하

독거노인 증가 통계

출처 : 허정원·차준홍 기자, 2047년 열에 일곱이 1·2인 가구 ⋯ '출산 파업'에 경제 '비상',
《중앙일보》, 2019년 9월 18일 기사.

    부동산을 투자하는 입장에서 이런 인구와 가구의 형태 변화에
주의를 기울여야 미래 투자 가치를 전망할 수 있다. 특히 요즈음
은 변화의 속도가 매우 빨라서 사람들이 생각하는 것보다 훨씬 스
피드하게 바뀌어 나가고 있기 때문에 이런 통계에 주목해야 한다.
과거의 경험에만 집착하기에 세상은 너무도 빠른 변화를 겪고 있
다. 지금 이 방법이 최선인가를 생각하면서 시야를 넓혀보자. 투
자할 곳이 많아진다.

대한민국 수익형 부동산을
지배하는 10가지 법칙

우리나라는 왜 다른 나라보다 부동산 부자가 많고, 부동산으로 성공한 사례가 많을까? 그리고 부동산 투자가 잘될 수밖에 없는 이유는 무엇일까? 이 법칙은 전국 단위에서 지역 범위로 축소하면, 최근 전문가들이 꼽고 있는 수익형 부동산 투자 법칙으로 그대로 활용할 수 있다. 우리나라에서 부동산 투자가 잘되는 이유는 다음과 같다.

1. 땅덩어리가 좁고 인구가 많다(인구밀도가 높다)

국토 면적이 인구에 비해 상대적으로 넓지 않다. 산지 70%, 농지 20%, 도시지역이 5%~10% 이내로 구성되어 있는데, 그

5%~10% 도시지역에 수많은 사람이 살고 있는 것이다. 일례로 아시아 국민소득 1위의 마카오(중국에 속해 있지만 자치구로, 독립 행정을 가지고 있음), 홍콩, 싱가포르 등 도시국가들의 부동산 가격이 비싼 것은 인구밀도가 높으면서 경제발전이 잘되었으므로 이런 결과가 생긴 것이다.

2. 산이 많다. 그리고 바다로 둘러싸여 곳곳에 수변을 볼 수 있는 경치가 많다

전 세계적으로 산이 많다는 것은 경치가 좋은 것도 있지만, 쓸만한 지역에 사람이 몰려서 산다는 의미도 있다. 산과 물이 많다는 것은 풍수에도 좋은 명당자리가 많다는 이야기다. 그래서 수익형을 고를 때도 이왕이면 주변 가까이에 공원, 강이나 호수 등이 있어야 바라보이는 뷰도 좋고, 거주하기 쾌적하고 좋기 때문에 부동산의 좋은 조건이라고 할 수 있다.

3. 태평양을 건너면 육지와 처음으로 만나는 동북아 시작점의 위치다

그렇기 때문에 인천국제공항이 허브공항으로 좋은 위치가 될 수 있는 것이다. 환승을 할 수 있는 위치이면 더 많은 해외 사람들이 우리나라 공항을 이용하면서 방문이 늘고, 경제발전에 도움이 된다. 아시아 육지의 시작점으로서 해외 사람들이 한국에 많이 들어오는 좋은 위치를 가지고 있다.

4. 빠르게 경제성장을 이루었다

전쟁을 겪은 뒤 폐허 속에서도 70년간 다른 어떤 나라보다도 빠른 경제성장을 해서 급속하게 대도시에 사람이 늘어났다. 소득이 늘어나니 부동산 구매력이 늘어나고, 공급과 거래도 늘어났다. 그래서 부동산 가격이 빠르게 성장했다.

5. 경제가 발전되면서 도로망과 철도망이 빠르게 개발되었다

경제발전을 급격하게 하다 보니 국가 도로망, 철도망이 많이 부족했고, 그렇게 전국에 각종 고속도로와 철도 등을 연결하면서 논밭을 가지고 있던 사람들이 큰 개발로 땅값 보상과 부동산 가격 상승을 많이 경험하게 되었다. 세부적인 가격 상승의 팁을 주자면, 여기가 국가 교통의 핵심지역인지, 철도 · 고속도로 · 항만이 있는 지역이거나 앞으로 도로가 건설이 될 예정지역인지를 확인하라. 그리고 지하철역이 있으면 환승역이나 환승 버스정류장이 있을 만한 요지에서 가까운 지역이 발전가능성이 크다.

6. 경제활동 인구의 대부분이
대도시에 집중되어 있다

우리나라에서 투자 유망한 부동산은 서울에서 가까운 1시간 거리 내 접근성에 있는지가 기본 조건이다. 초보 투자자라고 한다면 서울과 1시간 거리 이내의 접근성을 기본으로 하게 되면, 안정적이면서도 리스크가 적은 투자 수익을 기대할 수 있다. 그리고 환금성 면에서도 좋다. 서울 주변(경기권, 인천권)은 서울로 들어가려는 대기수요, 대체수요가 있는 지역이기 때문에 잠재 거래가 반드시 있다.

7. 수출 산업단지 주변의 부동산이 개발되었다

우리나라는 수출 위주로 경제가 발달해, 물건을 실어나가는 항만과 그 주변으로 수출하는 산업단지들이 발달하면서 부동산이 같이 개발되었다. 예를 들어 인천항의 인천경제자유구역, 평택항의 황해경제자유구역 등을 보면 알 수 있다. 특히 수익형 부동산의 경우는 내가 투자하려는 기업, 국책사업으로 큰 산업단지 등이 가깝다면 좋다. 직장인들은 대부분 직장 근처에 방을 구하므로 소형

원룸, 투룸 근처에 산업단지가 있으면 임대수요가 많기 때문이다.

8. 경제발전으로 인구가 늘어나면서 신도시가 많이 생겼다

특히 수도권의 신도시가 주축이 되어 부동산 가격 상승을 주도한 것을 많이 봤을 것이다. 새로 만들어진 도시는 인구가 지속적으로 늘어나게 된다. 그래야 그 지역의 개발이 진행되면서 부동산 가격이 오르기 때문에 수익형 부동산도 신도시에 하는 것이 거래도 많고, 안정적이다.

9. 국토의 대부분이 바다에 접해 있어 관광지로 개발할 수 있는 곳이 많다

수익형 부동산도 그 지역에 사람이 모일 만한 이유가 있는지를 봐야 한다. 바다에 접한 경치 좋은 곳에 리조트나 관광지 개발이 많이 일어나고, 교통 철도도 개발하면서 사람들이 모이는 이유가 생겼다.

10. 국민성이 부지런하고 빠르다

지리적인 위치나 빠르게 이루어진 경제성장이라는 외적인 원인 외에도 결국 투자는 사람이 하는 것이다. 부지런하고, 화끈하며, 급한 성격의 우리나라 사람들의 성향 역시 투자를 잘 일어나게 하는 요인이라고 할 수 있다.

이렇게 대한민국 부동산을 지배하는 법칙들을 한번 살펴봤다. 우리나라는 세계적으로 비교해봐도 부동산 투기바람이 많이 불었고, 다른 나라에 없는 독특한 전세제도를 이용해 갭 투자를 하는 사례가 많다. 논밭, 임야 등 땅을 가지고 있는 분들도 전국적으로 개발이 들어가니 각종 보상을 받는 경우도 많았다. 우리나라는 다른 나라와 비교해 지리적 요건이나 부동산 개발 시기, 인구이동이나 국민성 등의 특성이 다른 것을 인지한다면, 어떤 부동산을 선택하는 게 돈이 될지 판단하는 데 도움이 될 것이다.

누구나 알 만한 신도시부터
시작하라!

　돈을 투자할 때는 확실한 전략이 있어야 실패의 위험이 적다. 따라서 목돈이 들어가는 부동산 투자에도 마찬가지로 전략이 필요하다. 나는 부동산 일을 할 때 땅을 보기 위해 답사하러 다니는 것이 재미있어서 좋았다. 현장을 가보면 인터넷상으로 볼 수 없는 현지 상황을 직접 확인하면서 배울 만한 요소들이 있었다. 부동산은 지도와 친해져야 한다. 방이나 내가 일하는 공간 어딘가에 우리나라 지도 정도는 붙어 있는 것이 부동산 투자를 공부하는 사람의 기본자세가 아닌가 싶다.

　부동산은 투자하려는 곳의 지형, 도시계획, 정부의 부동산 정책, 인구의 변화 등을 살펴봐야 된다. 거기에 내가 투자할 유망지역의 개발 호재 등이 숨어 있기 때문이다. 그중에서 땅은 개발할 수 있는 요소나 가능성 등을 따져야 해서 초보자들에게는 매우 어렵다. 그러나 수익형 부동산의 경우는 일반인들도 어느 정도 관심을 가지면 비교적 쉽게 시작할 수 있다. 수익형 부동산을 투자할때, 부동산이 처음이어서 잘 모르겠다면 일단 신도시 투자부터 시작해보면 좋다. 신도시는 일단 다른 지역과 비교해서 안정적인 투자 이익을 볼 수 있다.

신도시란 백과사전적 정의로는 '계획된 목표에 따라 의도적으로 개발된 새로운 도시'이며, 경상남도 창원시, 경기도 일산·분당 등이 대표적인 신도시다. 신도시의 특징은 다음과 같다.

① 종합적으로 계획된 도시 : 계획의 종합성
② 새로 건설된 도시 : 건설의 신규성
③ 모도시(母都市)의 주변에 위치하고 있는 도시 : 위치의 근접성
④ 모도시의 일부 기능을 분할 담당하는 도시 : 기능의 분담성
⑤ 경제적으로 거의 자급자족하는 도시 : 경제의 독립성

여기에는 대도시 인근 도심의 과밀 인구와 과도한 도시시설을 분산시키기 위해 건설한 위성도시(Satellite town)나 교외지역의 베드타운(Bed town) 등과 같이 모도시에 의존적인 도시, 그리고 대도시와 공간적으로나 기능적으로 분리시킨 자족형 도시 등이 포함된다.

우리나라에서 신도시의 중요한 목적은 대도시의 과밀을 완화할

목적으로 개발한 것, 바로 대도시의 주거기능 분산이다. 서울에 몰린 주거기능을 분산하기 위해 1기 신도시가 나왔으니 신도시의 태생은 바로 베드타운 개념이라고 봐도 된다.

이 주거기능을 분산시키려고 만든 신도시에 문제가 생겼으니, 수도 신도시를 제외한 다른 신도시의 경우는 대부분 거주민과 고용기회의 균형을 맞추는 데 어려움을 겪었다. 여전히 모도시로의 통근자 비율이 높아서 출퇴근 시간대의 교통 혼잡과 교통 비용이 계속 늘어나는 숙제를 안고 있다. 이러한 신도시를 이해하는 데 필요한 기본적인 용어를 살펴보면 다음과 같다(서울시 도시계획용어사전 참고).

직주근접(職住近接)

이것은 물리적으로 가까워도 통근시간이 길거나, 물리적으로 멀어도 통근시간이 짧을 수 있는데, 도로 지하철이 발달하면 직주근접의 효과가 있다. 거주지의 요건 중 교통이 발달된 곳이 출퇴근이 편하기 때문에 사람들이 선호하는 중요한 요인이 된다는 것을 알 수 있다. 직주근접은 직장인의 통근을 편리하게 하고, 여가 시간을 활용해 삶의 질을 개선시키므로 도시계획 및 관리에서 중요한 과제다.

베드타운(Bed Town, Commuter Town)

　도심에 직장을 갖고 있는 시민들의 주거지 역할을 위해 대도시의 주변에 주거기능 위주로 형성된 도시를 말한다. 베드타운은 자족도시, 직주근접 개념과는 대조되는 도시 형태로, 도시의 대부분이 주거용 택지로 이루어져 다양한 용도의 건물 구성이 어렵고, 도시 자체에서 적절한 일자리 창출, 다양한 형태의 소비가 이루어지기가 어렵다.

　결과적으로 베드타운은 대도시와 주변 위성도시에 대한 주야간 도심공동화, 출퇴근시간 교통 문제 등의 문제점이 있고, 지역불균형을 초래하게 되므로 이를 방지하기 위한 계획적인 노력이 필요하다.

베드타운

출처 : 서울특별시 도시계획국

기업 도시

산업입지와 경제활동을 위해 민간기업이 산업·연구·관광·레저·업무 등의 주된 기능과 주거·교육·의료·문화 등의 자족적 복합기능을 고루 갖추도록 개발하는 도시를 말한다. 기업 도시는 기업이 지닌 자율성과 창의성을 활용해 민간 투자를 촉진하고, 지역경제를 살리려고 추진되며, 미국의 실리콘밸리, 일본 도요타시, 프랑스 소피아 앙티폴리스 등이 대표적이다. 우리나라에서는 2006년 '기업도시개발특별법'을 제정해 시범 도시를 선정했다.

실제적인 예로 판교 테크노밸리가 이런 기업 도시의 유형으로 보면 된다.

1기 신도시가 분당, 일산부터 시작하는데, 1990년대 초반부터 1기 신도시 초창기에 아파트를 사두었다가 오른 사례를 많이 봤을

기업 도시

출처 : 서울특별시 도시계획국

것이다. 요즘은 소형화 추세에 따라 수익형 부동산을 투자할 때도 신도시를 활용하는 것이 좋은데, 신도시를 이해하는 개념을 베드타운과 자족형 도시(또는 기업 도시)로 구분하는 방법이 있다.

신도시의 시작은 서울의 주거기능을 분산시키는 데 초점을 맞춘 베드타운이었다. 그런데 신도시에 이사 온 사람들이 직장이 있는 서울로 몰려서 출퇴근하려다 보니 교통 혼잡 문제 등이 발생했다. 그래서 2기 신도시부터는 직장이 있는 자족기능을 강화한 신도시가 등장하게 되었다. 그리고 1기 신도시 중에도 처음에는 베드타운이었으나, 강남권에서 연결된 분당 신도시 같은 경우 점차 기업이 확장을 해 내려가면서 자족기능이 강화되었다.

다음 장에서는 자족 기능이 강화된 신도시를 어떻게 구분하며, 어느 지역이 실제로 투자하기에 좋은지 실질적인 이야기를 해보자.

빠르고 안전한
신도시 지역 투자법

"신도시에 투자하라고 하는 이유는 알겠는데, 신도시 중에서는 그럼 어디를 골라야 하나요?"

초보자들이 수익형이든, 시세차익형이든 부동산 투자를 해보고 싶은데, 지역을 어디를 골라야 할지 고민하면 나는 신도시 투자를 권한다. 30대~40대 일반 직장인이 종잣돈을 모으면 1,000만 원에서 3,000만 원, 또는 5,000만 원 미만으로 시작을 한다. 그 정도의 금액으로 서울은 중심가의 신축은 어렵고, 신도시보다는 실투자금이 많이 들어간다. 경매나 오래된 건물 같은 경우 대출을 많이 받으면 가능하나 이것은 따로 경험을 쌓아야 하고, 공부를 많이 해야 하므로 쉬운 투자는 아니다. 그래서 서울 주위의 수도권 신도시 투자로 눈을 돌리면, 금액은 적정선으로 떨어지는데, 이때에 신도시를 구분하는 기준을 가져봐야 한다.

신도시는 새 집들로 구성되어 있는 새로운 도시이기 때문에 살기 좋으므로 모여든다. 주부들의 로망이 새 아파트에서 사는 것이라고들 하지 않은가? 그래서 신도시는 아파트가 지어져 입주할 때마다 전입인구가 늘어나 인구증가율이 올라가고 발전을 한다. 부동산은 사람을 따라 움직이므로 가격도 같이 상승할 수밖에 없다.

2017년도에 LH공사가 주체가 되어 진행하던 택지개발촉진법(일명 신도시법)이 폐지되었다. 최근 3기 신도시가 발표될 때까지 대규모 신도시가 더 공급되지 않았고, 작은 규모의 미니 택지개발이나 재건축 재개발 위주로 진행되었다. 그래서 기존에 공급되었던 2기 신도시 중에서 아직 개발율이 낮은 신도시를 투자 지역으로 보는 것도 좋은 방법이다. 3기 신도시 같은 경우 물론 기대감이 있긴 하지만, 아파트 분양가 자체가 예전처럼 싸지 않다 보니 큰 이익을 기대하기 힘든 경우가 많다. 그러면 이러한 신도시가 어디인지 시기별로 대략 구분해보자.

* 1기 신도시 : 분당, 일산, 평촌, 산본, 중동 – 1990년 초부터 개발
* 2기 신도시 : 성남 판교, 화성 동탄, 평택 고덕, 하남 위례, 김포 한강, 파주 운정, 하남 미사, 인천 송도 청라 영종 국제도시 등 – 2005년 이후 개발

 * 3기 신도시 : 과천, 남양주 왕숙, 인천시 계양, 하남시 교산 등
– 2021년 주택공급예정

3기 신도시 조성 계획

출처 : 국토교통부, 연합뉴스

 신도시를 다시 한번 정리해보자.

 첫째, 신도시는 잠만 자는 베드타운과 기업이 들어오는 자족신
도시로 구분할 수 있다. 아파트 주거 위주로만 들어오는 곳이 베
드타운이고, 아파트 이외에 산업단지 등 기업이 대규모로 들어오
는 곳이 자족형 신도시다. 베드타운 신도시보다는 기업이 많이 들
어오는 자족형 신도시가 소형임대사업으로 투자하기에는 좋은 도
시다. 그래서 오피스텔 같은 원룸 수익형 부동산은 직장 또는 학
교가 있는 자족형 신도시에 지어져야 공실이 날 걱정이 적다.

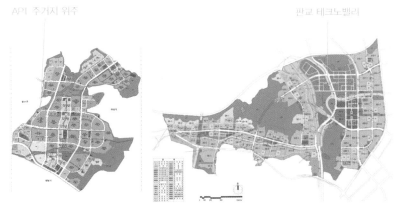

위례 신도시   판교 신도시

둘째, 신도시는 기존의 구도시(서울, 수원, 평택, 용인 등)보다 면적이
훨씬 작다(서울 면적 18,308만 평 VS 분당 면적 592만 평). 즉 분당은 서울
의 30분의 1정도다. 다른 구도시도 신도시에 비교해 그 정도의 크
기 차이가 난다. 구도시는 크기도 크지만, 생성 자체가 오래되어
행정구역이 확장·변경되기도 하고, 최근 계획적으로 지어진 신도
시와 다르게 여러 요소를 보면서 투자를 시작해야 하므로 초보자
에게 어려울 수 있다.

신도시 같은 경우 전체 크기도 작고, 계획을 세워 만든 도시이
므로 비율이 정확한 편이다. 주상복합 건물은 주로 상업용지에 짓
는데, 상업지와 주거지 비율이 정해져 있어 상업지의 비율을 가지
고 공급량을 예상하는 것이 그렇게 어렵지가 않다. 그래서 구도시
보다 덜 복잡하고 초보자가 파악하기 쉽다고 이야기하는 것이다.

직장이 풍부하고 성공적인 기업형 신도시는 판교 신도시, 규모
는 작지만 서울의 마곡지구(일반 신도시보다 작은 규모), 그리고 인천의
신도시이면서 경제자유구역인 영종, 송도, 청라 국제도시를 꼽을
수가 있다. 영종, 송도, 청라 같은 경우 계획인구와 인구 전입율을
경제청 홈페이지에 가서 확인할 수 있는데 인구증가율이 빠른 지
역이다.

정리하자면 아파트를 투자하는 것은 베드타운 신도시라도 상관
은 없으나, 소형 오피스텔을 다루는 주상복합 수익형 부동산의 경
우 직장인의 수요가 있어야 한다. 그래서 투자하려면 일자리가 많
은 기업형 신도시가 베드타운형 신도시보다 투자 유망지역이라고
할 수 있다.

땅 투자 가이드 :
경험을 가지고 원칙을 만들어 나가라

부동산 중에서 가장 어려운 투자는 무엇일까? 앞서 누누이 강조했지만 바로 땅 투자다. 남들이 한다고 무작정 따라 하는 것은 투자가 아니다. 특히 부동산 중에서 고난이도인 땅을 투자할 때는 이런 원칙부터 세우고 시작하는 것이 좋다.

땅을 사는 목적을 확실하게 하고 시작하라

땅에 건물을 지어서 거주할 것인지, 임대를 줄 것인지, 아니면 그냥 투자 목적으로 원상태로 사고팔아서 시세차익만 볼 것인지를 정해야 한다. 보통 땅을 사서 건축을 하는 경우 전원주택을 지어서 거주할 목적으로 구매를 하는데, 나대지를 사놓으면 한번 건축을 했던 땅이므로 땅의 가격이 비싼 대신 바로 건축을 하는 데 무리가 없다. 다만 대지 상태로 비워두면 시·군·구에서 건물을 지으라고 권고를 하고, 계속 두면 벌금을 낼 수 있다. 그래서 땅값만 생각하지 말고, 건물을 지을 수 있는 자금까지 준비를 하고 땅을 구매해야 한다. 아니면 전답이나 임야를 사서 건물을 지을 경우 저렴한 땅값으로 구매할 수 있다. 임야의 경우 용도지역은 관리지역 또는 도시지역의 자연녹지 같은 경우가 투자하기 좋다.

그런 지역을 고르고, 내가 사려는 전답·임야가 건물을 짓기에 적합한지 시·군·구 건축허가 관련 과에 확인해봐야 한다. 도로에서 얼마나 떨어졌는지 체크해야 하는 이유는 건축물을 지을 때 도로에서 상하수도, 오폐수시설, 전기연결을 해야 되는데, 거리가 떨어져 있으면 땅값에 비해 건축비가 많이 올라간다. 얼마 전 도로에서 떨어진 지역의 임야를 사놓고 건축사무소에 전원주택 건축 의뢰를 해보니, 도로 연결 비용이 많이 들어서 배보다 배꼽이 더 크다는 이야기를 들었다. 이런 경우를 주의해야 한다.

투자 기간을 정하라

단기 3년 이내인지, 중장기 5년~8년인지, 장기로 10년이 넘어갈 것인지도 정해야 한다. 투자 기간을 짧게 둘 경우는 개발계획을 꼼꼼히 확인하고, 거래가 잘되는 비싼 지역이라도 과감하게 살 각오를 하자. 거래가 잘되는 곳을 해야 하기에 금액이 싼 곳보다는 개발이 진행되는 곳의 대지나 주택가를 봐야 한다. 또는 임야라고 하더라도 호재 때문에 전답도 비싼 곳은 100만 원이 넘기도 한다.

중기 또는 장기로 넘어가게 되면 10년 내 주변이 어떻게 개발되는지, 계획이 중간에 미뤄질 확률은 있는지를 봐야 한다. 개발 호재도 한 가지만 보는 것이 아니라, 여러 가지가 맞물려 있어 혹시라도 취소되거나 늦어지는 리스크가 있는지도 확인해봐야 한다. 권장하는 방법은, 땅은 가능한 여윳돈으로 투자를 시작해서 5년 이상 10년까지 충분히 기다릴 수 있는 것이 좋다.

땅은 팔릴 수 있는 상태라고 하더라도 일반 건물에 비해 환금성이 낮다. 그래서 빚을 내고 이자를 내면서 땅을 사놓으면 되파는 시기를 촉박하게 잡게 되는데, 파는 기간이 길어지는 만큼 이자 부담이 된다. 그리고 내가 마음이 급하면 매도자 입장에서 유리하게 가격 협상을 할 수가 없다. 그래서 땅은 여윳돈으로 사두라고 하는 것이다. 전답을 사게 되면 농지 연금이나 농사를 필수로 지어야 하는 기간이 있으니, 관련 시·군·구에 농지 관련 법을 확인해보는 것이 좋다.

땅을 개발하고 팔 것인지,
그냥 원상태로 팔 것인지를 정하라

전답이나 임야를 그대로 팔면 원가는 낮겠지만, 투자 기간이 길어지고 환금성이 떨어진다. 반면 나무나 잔디 등을 심어놓거나 땅을 깔끔하게 가꾸면 보기가 좋아서 팔릴 확률이 높아진다. 또 토목공사를 해서 건물을 짓거나 집 컨테이너 등 사람이 이용하는 건축물을 지어놓고 대지로 바꾸는 것을 '지목변경'이라고 한다. 임야 상태와 대지로 바꾸었을 때의 가격이 큰 차이가 나기 때문에 지목변경을 한 후에 되파는 것도 수익을 내는 좋은 방법이다. 단, 잘 팔리는 지역이어야 하고, 땅을 만드는 비용이 대지로 만든 후의 땅값 수익보다는 적어야 하는 것이 원칙이다.

토지 기획 부동산 회사를 조심하고,
현지 부동산 중개업자도 다 믿지 마라

기획 부동산 회사의 땅을 조심하라는 것은 앞에서도 이미 이야기했다. 내가 사기를 당했던 땅은 충남 당진에 있는 임야였다. 이것을 가지고 소송하다가 현지 근처의 부동산 중개업자와 알아보려고 가서 대화를 했는데, 이 부동산 중개업자도 현지의 땅 지주들에게 속아서 땅을 샀다가 팔지도 못하고, 수억 원의 금액이 땅에 묶여버렸다고 이야기했다.

"아니, 부동산 중개사무소를 운영하면서 여기 10년 이상 있으셨는데, 어떻게 그렇게 당하실 수가 있나요?"

"나도 여기 돈 벌 거리가 있을 것 같아서 다른 지역에 있다가 이사를 왔는데, 여기서 나고 자란 지주들이 자기가 오래 살았던 경험에다가 자기 땅 이야기를 하니까 믿었죠. 내가 번 돈을 다 털어넣었는데 결국 이렇게 되었네요."

땅 전문 중개업자라는 부동산 중개사무소 사장님이 했던 이야기가 기억에 남는다. 중개업을 하면 법을 잘 아니까 다 잘 할 것 같은데, 사실 많이들 당한단다. 역시 투자하려면 스스로 충분히 공부하고, 경험을 쌓아서 시작하는 것 외에는 답이 없다. 이렇게 기본 원칙들을 가지고 투자를 시작하면서 현지답사도 가보고, 실제 거래량도 체크해보고 하면서 땅 투자도 보는 눈이 늘어날 것이다. 적어도 이 정도의 상식을 가지고 토지를 거래한다면 남의 말에 이끌려서 손해를 보는 일은 없을 것이다.

집값을 좌우하는
수요·공급, 금리정책

부동산을 투자할 때 고려할 것이 바로 국가개발계획과 정책이다. 정책을 파악하는 게 어렵다고들 하지만, 투자라는 것이 개발계획의 흐름을 읽으면 돈이 오르는 게 보이기 때문에 또 재미가 생기게 된다.

부동산은 사람들이 많이 다니는 길을 따라 '돈'이 흐른다. 나는 땅값이 왜 오르는지 기본을 공부하면서 투자를 배우기 시작했다. 땅 투자의 기본 개념을 이해하면서 국토개발계획을 공부했고, 그 방향을 가지고 건물 투자도 배워 나가니 이해가 쉬웠다.

'땅 팔자는 도로 팔자다'라는 말이 있듯, 땅값을 좌우하는 것은 내 땅 앞에 어떤 '길'이 있느냐다. 이 길을 따라 사람들이 어떻게 움직이는지 알면 돈이 흐르고, 땅값이 올라간다. 그래서 도로, 철도, 항만 같은 SOC사업 사회간접자본을 따라 땅에 투자하다 보면, 결국 정책의 흐름을 알고, 돈이 되는 지역을 볼 수 있다.

우리나라 국토개발의 중장기 플랜은 2030년까지 전체적인 윤곽이 이미 나와 있다. 그래서 부동산을 공부하는 사람은 지도를 사랑하고 자주 들여다봐야 한다. 내 방에도 2030년 국토종합개발계획도라는 지도가 걸려 있다. 부동산으로 돈 벌고 싶다면 지도를 사랑하자.

전국 단위의 개발계획은 국토해양부, 신도시 계획은 LH공사 사이트에서도 확인할 수 있고, 서울을 비롯한 각 지자체마다 개발계획, 도시재생사업 등을 공시하고 있다. 내가 최근 몇 년간 분양을 했던 인천의 신도시인 청라, 송도, 영종 국제도시 같은 경우도 인천경제자유구역 사이트를 엄청나게 뒤지면서 자료를 수집했다. 최근 인천 같은 경우 3D 입체 영상 사이트라든지, 각종 부동산 어플리케이션과 네이버, 카카오지도도 활용하며, 시세자료와 현장 주위 사진 등을 수집할 수 있다.

땅값은 실매매가를 비교할 때는 밸류맵을 이용할 수 있고, 아파트 시세는 KB부동산 앱과 호갱노노라는 앱도 활용한다. 그러나 현장을 다니는 것은 필수이니, 통계에만 의존하지는 말아야 한다. 기본적으로 전체적인 틀과 방향을 먼저 본 다음 세부적으로 봐야 한다. 머리가 아프더라도 내가 관심을 가지는 지역이 있다면, 이 지역의 개발계획부터 관심을 가지고 들여다보는 습관을 가지자.

계속 보면 분명히 투자 포인트를 찾아낼 수 있다.

부동산 투자에서 일자리가 가지는 의미

부동산 시장에서 일자리가 얼마나 중요한 것인지 생각하게 하는 2019년 뉴스를 하나 소개한다. 서울 수도권은 워낙 인구가 많이 몰리지만, 지방의 아파트 시장은 침체를 벗어나기 힘든데, 그래도 부동산 가격이 강세를 띠는 곳을 살펴봤다. 그랬더니 역시 산업단지가 있는 청주, 창원, 천안이나 전주, 울산은 아파트 가격이 높게 형성되어 있었다. 이곳은 '자족도시'라고 불리는 일자리가 집중되어 있는 곳이기 때문이다.

부동산이 전통적으로 강세를 띠는 곳은 교통이 편한 곳이나 학군이 좋은 곳, 그리고 일자리가 몰려 있는 곳이다. 일자리가 있다면 상주 인구도 생기지만, 지속적으로 신규 전입인구가 늘어난다. 직장과의 거리가 주거 위치를 결정하는 중요한 요인이기 때문이다. 그래서 현 정부의 부동산 정책을 비판하는 목소리 중 하나는 부동산 규제만 하지 말고, 일자리를 서울 이외의 지역에 분산해달라는 것이다. 이것은 정부정책만 가지고 되는 것은 아니고, 정부의 의지와 함께 기업이 이동해줘야 하기 때문에 쉬운 문제는 아니다. 그러나 이런 목소리를 내야 하는 이유는 서울 집값이 미친 듯

이 오르는 것이 바로 전국에서 가장 양질의 일자리가 몰려 있기 때문이다. 규제만 한다고 집값이 잡히지 않는 것은 뻔한 이치라는 생각이 든다.

결론적으로 부동산 투자에 있어 일자리가 있는 곳은 아파트든, 오피스텔이든, 상가든 분명 거래가 잘되는 곳이기 때문에 이런 곳들을 눈여겨볼 줄 알아야 한다. 일반적인 수요·공급의 법칙으로 현재 서울이나 전국의 아파트의 공급량을 따질 수도 있지만, 부동산은 지역의 특수성이라는 것이 분명히 존재한다. 지금 전국의 아파트 공급량은 많지만, 서울 지역이나 앞에서 말한 지역이 오르는 이유는 일반적인 공급의 법칙 외에 부동산 지역의 '희소성', 그리고 '일자리'의 법칙이 적용되어서다. 잘 모르겠으면 이런 방법들을 기초 포인트로 두고 투자를 시작하면 된다.

5장

소액 투자로 부자 되는
7가지 기술

5장

수익형 부동산,
왜 버는 사람만 벌까?

"○○네 옆집 엄마가 아파트를 잘 사서 몇 억 원이 올랐다더라"
이런 이야기는 주부들이 곧잘 모여 하는 말이다. 그런 이야기를 들
으면 배가 아프기도 하고, 나도 한번 해볼까 하고 이것저것 알아
보기도 하지만, 부동산 투자는 아무 데나 한다고 다 오르는 것이
아니다. 똑똑하게 투자하는 사람이 있는 반면, 남들 따라서 별 생
각 없이 투자를 시작하는 사람 간에는 분명한 수익의 차이가 있다.

그리고 많은 사람들이 부동산 투자를 하고 싶어 하지만, 쉽게
시작하지 못하는 이유는 투자 금액이 부담이 되어서다. 그러면 부
동산 투자에서 소액으로 시작하는 투자 금액의 범위는 얼마나 될
까? 가장 쉽게 접근할 수 있는 수익형 부동산의 경우, 서울 수도권
의 오피스텔 분양권은 1,000만 원에서 3,000만 원 단위로 시작할

수 있다. 직장인의 경우, 개인차가 있겠지만 적금으로 3년 내 모을
수 있는 돈이다. 그래서 부동산 초보라고 한다면, 수억 원의 목돈
이 들어가는 아파트보다 소액의 원룸 수익형 오피스텔로 시작하는
것이 좀 더 안정적일 수 있다. 그러면 매월 월세를 받는 수익형 부
동산을 투자할 때 똑똑하게 투자할 수 있도록 수익형 부동산의 특
성을 한번 알아보자.

오피스텔과 상가의 차이

수익형 오피스텔은 초보 투자자들도 쉽게 접근할 수 있다. 일단
금액 면에서 오피스텔은 상가보다 보통 저렴하다. 수도권 내의 원
룸 소형 6~7평대 기준으로 최소 1억 원대 초반에서 서울 상업밀
집지역 기준은 4억 원대까지 다양하다.

주거는 거주의 개념으로 생활의 필수요건이기 때문에 입지만
확실하면 임대는 어렵지 않다. 공급물량이 과도하게 많다든지, 교
통이 불편하거나 일자리가 없는 지역만 조심하면 된다. 기본적으
로 오피스텔은 상업밀집지역에 위치하므로 대부분 지하철이나 버
스 등의 대중교통이 나쁘지는 않은 편이다.

그렇다면 상가 투자는 어떨까? 이는 초보 투자자보다는 고수
투자자에게 적합하다. 상가는 오피스텔에 비해 경기의 영향을 좀

더 받는다. 최근 2~3년간 경기가 안 좋다는 이야기를 주변 사람들이나 뉴스 신문에서 심심치 않게 듣고 있다. 부동산 경기도 실물경제와 연결되어 있는데, 무엇보다 상가는 물건을 사고파는 장소이므로 사람들의 소비심리와 밀접하게 연결되어 있다.

최근 상거래는 5~10년간 온라인 쪽으로 급속하게 발전했다. 그래서 물건 구매를 핸드폰과 PC로 상당 부분 거래하다 보니 오프라인 상점들이 타격을 입는 것도 사실이다. 상가 점포 임대의 위축을 어느 정도는 예상할 수 있는 부분이다. 그렇다고 상가가 필요 없는 것은 아니다. 전반적으로 임대료가 떨어지는 분위기는 감안하되, 그래도 주거 세대수가 몰려 있는 곳이나 교통이 좋고, 유동인구가 많은 곳, 학교라든지, 직장인들의 사무실이 몰려 있는 곳 등은 회식이나 모임 또는 물건을 사는 일이 많다.

상가는 몇 가지 종류가 있는데, 집 앞에 가까운 약국, 슈퍼 등 근린 상가가 있다. 여기에는 우리가 많이 보는 상가 전용 건물인 프라자 상가가 많다. 그리고 아파트 단지 내 상가가 있고, 지하철 역세권 주변의 상업밀집지역은 보통 중심상업지역이 많은데, 주상복합이나 오피스텔 아래층에 상가가 있다. 그리고 주택가 안의 1층에 상가가 있는 상가 주택이 있다. 각각의 장단점이 있지만, 유동인구와 이용하는 사람의 숫자, 그리고 주변에 입지가 어떤지에 따라 투자 방향이 다르다.

5장. 소액 투자로 부자 되는 7가지 기술

아파트 단지 내 상가

프라자 상가

나는 오르는 수익형 부동산만 산다!

주상복합 상가

　서울의 건대입구, 종로, 신촌, 강남역 등 유동인구가 몰려다니는 곳은 늘 약간의 차이는 있지만, 임대료가 높은 편이다. 최근 용산이나 여의도, 가산·구로 디지털단지, 상암·디지털미디어시티 쪽도 교통이 좋고, 사무실이 많으므로 주상복합이나 오피스텔 관련 수요가 있다.

　투자라는 것은 상품의 기본적인 성격부터 알고 움직여야 되는 것이다. 다른 금융 투자도 마찬가지이지만, 부동산 분야도 투자의 방향이 변화하고, 경제 발전이 빨라지면서 변화에 가속도가 붙고 있다. 그래서 신문이나 뉴스의 경제·사회면을 늘 관심 있게 지켜보는 것이 중요하다.

부동산 투자에 있어서 1인 가구로 바뀌는 세대구성원의 변화, 아이를 덜 낳고 소비의 성향도 바뀌는 변화, 국민소득 수준과 맞물리는 생활의 변화 등 지켜봐야 할 몇 가지 요소가 있다. 그러나 변화에도 불구하고, 과거 부동산의 변화를 살펴봤을 때 전통적으로 땅값이 많이 상승했던 요인들을 학습하면, 꾸준한 인기를 얻을 수 있는 지역을 찾아낼 수 있다.

부동산은 입지가 가장 중요하다. 건물은 감가상각이라고 해서 낡으면 가치가 떨어진다고도 하지만, 부동산은 입지가 있기에 땅의 가격이 오른다. 그래서 자동차나 다른 소비재 물건들과 다른 것이다.

우리나라 국토를 크게 개발하면서 고속도로와 철도가 뚫리고, 신도시가 생기면서 교통이 발달하는 접점, 그리고 도시계획의 중심이 되는 지역들, 상업의 요지들, 사람들이 왜 많이 몰려들게 해놓았는지 등 원인을 따라가면, 현재 땅값이 가장 높은 서울의 요지와 판교 신도시 같은 지역들이 왜 오르는지 알 수가 있다.

투자는 흐름이다. 투자를 할 때는 경기의 오르고, 내림에 따른 흐름을 읽을 수 있어야 한다. 지금 많이 오른 유망지역을 살펴보면, 분명 그 공통점을 찾아낼 수 있다. 흐름만 볼 수 있다면, 지금도 유망한 투자 지역은 많다. 나의 마음가짐과 종잣돈만 준비되면 말이다. 이왕 수익형을 투자하려면 충분히 학습해 똑똑하게 수익을 남기는 투자를 하자.

4인 가족
부동산 재테크 수업

4인 가족의 부동산 재테크 강의가 있다면 완전 인기가 많을 것이다. 그런데 그런 수업을 찾기가 쉽지 않다. 돈을 많이 벌고 싶고, 돈을 잘 굴려서 부자가 되고 싶다는 로망은 누구나 가지고 있다. 아빠가 월급을 벌어오는데, 엄마는 벌어오는 대로 생활비로 소비해버린다면 미래가 안 보이는 암울한 가정의 모습이 아닐 수 없다.

미래가 기대되는 4인 가족의 모습은 어떤 것일까? 아빠가 돈을 열심히 벌어오면, 엄마는 그것을 쪼개고 아껴 저축하면서 종잣돈을 모은 후 부동산이나 다양한 방법으로 재테크해 미래를 준비한다. 그리고 이렇게 쌓은 경험을 자녀에게 보여주고, 교육하면서 어릴 때부터 투자의 경험을 배울 수 있게 만들어주는 게 최고의 4인 가족 재테크 수업이다. 그러면 재테크가 무엇인지 한번 알아보자.

5장. 소액 투자로 부자 되는 7가지 기술

재테크(재(財) + Tech)란 무엇인가?

재테크란 우리말로 번역하면 '돈을 굴리는 기술'이다. 갖고 있는 재산을 잘 관리해서 늘려가는 기술, 재산관리기술(테크닉)인 것이다. 재테크란 재산을 관리하고 증식시키는 방법이다. 이러한 재테크에는 여러 방법이 있다. 목돈을 만들어 굴리기, 내 집 마련, 결혼자금 마련, 노후생활 자금준비, 주식 투자, 부동산 투자, 보험 들기, 세금 줄이기, 심지어 창업에 이르기까지 다양한 분야에서 그 방법을 찾을 수 있다. 재테크 수단의 특징을 안정성, 수익성, 환금성에 따라 살펴보자.

안정성이란?

투자한 돈을 날리지 않고 회수할 수 있는지에 대한 것이다. 예를 들어 주식은 재수 없으면 몽땅 날릴 수 있으니 안정성에 있어서는 취약일 수 있다. 하지만 예금, 적금은 최소한 원금은 건질 수 있기 때문에 안정성 부분에서 좋다. 부동산 역시 잘못 구입한 경우가 아니라면, 시세나 원금에 대해 일정 부분 이상 안전하다고 봐도 무방하다.

수익성이란?

얼마나 돈벌이가 되는가를 나타낸다. 부동산은 지금까지 대다수 사람들의 부를 축적할 수 있도록 많은 수익이 나는 상품이다. 주식도 잘만 하면 돈벼락을 맞을 수 있기 때문에 수익성이 높다고 볼 수 있다.

환금성이란?

원하는 시기에 현금으로 바꿀 수 있는지에 대한 것이다. 주식이나 금융상품은 언제든지 현금으로 바꿀 수 있지만, 부동산은 쉽게 팔리지 않기 때문에 환금성이 낮다. 다만, 부동산도 어떤 분야냐에 따라 환금성 부분을 보완할 수는 있다.

그러면 부동산에는 왜 투자해야 되는지 자녀들에게 교육한다고 가정해 정리해보자. 현재는 저금리에 은행이자가 1%대에 머무르고, 갈수록 금리는 0%를 넘어 마이너스로 가고 있다. 예금으로는 돈을 모으는 수단은 되지만, 요즈음 같은 저금리로는 이자를 거의 받지 못하고, 돈의 가치도 갈수록 떨어지기 때문에 재테크 투자는 돈을 굴리기 위해 필수다.

이런 시기에 부동산은 투자의 3요소인 안전성과 수익성, 환금성에 있어서 원금이 보장되는 상품이라서 안정성이 뛰어나다. 그리고 개발 호재가 있는 지역은 수익이 높다. 다만 부동산은 환금성이 떨어지는 특성이 있으나 거래가 잘되고, 핫플레이스 지역의 부동산은 환금성도 보완할 수 있다.

펀드나 주식, 채권, 가상화폐 등은 수익이 날 수는 있지만, 원금을 보장한다는 것은 특성상 불가능하다. 이 때문에 일반인이 투자하기에는 원금보장이 되면서 수익이 잘 나오는 부동산이 가장 투자하기 좋은 상품이라고 본다. 더구나 수익형 부동산은 가격이 오르지 않더라도 임대수요만 풍부하면 매달 월세가 발생되는 구조이므로, 땅이나 아파트 등 시세차익 목적의 부동산보다 좀 더 안정적으로 수익을 발생시킬 수 있다.

결론은 수익형 부동산에 투자를 시작하면 월세만 잘 받으면 되므로, 초보자가 재테크를 시작할 때나 부동산을 처음 시작할 때 큰 리스크 없이 투자에 성공할 수 있다. 그래서 수익형부터 부동산 재테크를 한번 시작해보라는 것이다.

이론으로 이렇다 저렇다 해봤자 실전 투자에서는 완전히 달라진다. 투자 지역을 어디를 선정할 것인지, 어떤 수익형 부동산을, 어느 지역에서 시작해야 할지 등은 부모가 직접 투자해서 월세 받아본 경험으로 전수해주면 그만큼 큰 것이 없을 것이다.

모든 교육은 이론과 실전으로 무장해야 단단해진다. 자녀들에게도 분명 성공 사례와 실패 사례를 겪은 대로 이야기해주고 보여주는 것만큼 좋은 재테크 교육이 없을 것이다. 그것이 제일 오래가고 기억에도 많이 남고, '나도 저렇게 본받아서 해봐야지' 하며 자극받을 수 있는 것이다. 투자에 감각이 있는 자녀는 자기가 배운 것을 발전시켜서 더 여유로운 인생을 살게 될 것임이 확실하다.

《한국의 부동산 부자들》이라는 책에서 30대에 서울 전국에 빌딩을 여럿 가지고 있는 100억 원대 부자는 겉으로는 완전 백수로 오해할 만큼 할 일 없이 돌아다니는 듯 보인다. 그러나 부모님을 따라 어릴 때부터 땅과 건물을 보러 다니고, 어떤 시점에 계약을 하고, 매매하며, 건물을 관리하는 것을 눈으로 보면서 익혀왔다고 한다. 부모님이 부동산 투자를 통해 월세를 받고 있고, 매매하면서 투자금이 올라가고, 수익을 보는 것을 직접 보여주는 것만큼 생생한 공부가 없다. 내 자녀에게 경제교육을 시켜서 잘살게 해주고 싶다면, 부모가 먼저 부동산 재테크를 시작하는 것이 경제교육의 시작이다.

부동산 거래도
성수기와 비수기가 있다

성수기와 비수기라는 단어는 숙박업을 하는 호텔, 모텔, 리조트 또는 관광지 식당가에서나 쓰이는 줄 알았다. 그러나 경제활동을 하는 곳곳을 살펴보니 개인의 인생이든, 큰 단위의 역사든, 공통적으로 흘러가는 과정 속에는 주기, 사이클이라는 것이 있었다. 사람들도 생활하다가 이상하게 일이 안 풀리는 시점을 만나면, '내가 삼재가 들었나?' 하는 것처럼 삼재도 인생의 여러 과정 중에 속해 있는 것이다. 삼재가 있을 때 어떤 영향을 주는지 솔직히 알 수는 없지만, 개인의 긴 인생과정에도 운이 들어오는 때와 나가는 때, 조심해야 하는 주기가 있는 것을 짐작해볼 수 있는 대목이다.

역사도 반복되는 틀이 있고, 경제학자들도 경기 변동의 주기, 사이클을 이야기한다. 지금 우리가 다루고 있는 부동산 거래에도 상승 하강을 하는 주기, 즉 성수기와 비수기가 있다. 먼저 전반적인 경제의 사이클을 살펴보자. 세계 경제는 불황기와 호황기를 왔다 갔다 하는데, 대략 10년 정도의 주기를 가지고 바뀐다는 이야기들이 많다. 정확하지는 않으나 과거의 경험에 기반을 둔 통계를 학자들이 열심히 내고 있다.

호황기일 때는 물가도 많이 오르고, 투자도 잘되고, 기업들이 많이 일어나니 보너스도 잘 나오고, 수출 거래도 잘 이뤄진다. 물론 장바구니 소비도 많이 일어나고, 기업에서도 고용이 늘어날 수밖에 없다. 이때는 너도나도 잘되는 시기로 부동산 가격도 계속 상승세를 탄다. 또한 국가의 수출 지표나 국가 경제성장률도 크게 오른다.

부동산을 이해하는 방법 중 하나인 성수기와 비수기는 투자의 타이밍을 잡는 데 아주 중요한 포인트다. 이에 대해 구체적으로 살펴보자.

첫째, 부동산은 경제발전의 호황과 불황의 영향을 받는다. 전반적으로 경제가 호황기를 맞이하고 있는 시점에는 부동산도 웬만한 곳은 다 오르기 때문에 사람들이 주변에 '어떤 아파트가 얼마가 올랐다더라' 이런 이야기를 들으면 흥분을 한다. 그래서 처음에는 뭔지 모르고 지켜보다가 '나도 한번 해봐야지' 하면서 점점 투자에 뛰어든다. 그러다가 금방 가격이 다시 하락을 하면 손해를 보는 일도 발생한다. 그래서 남들이 사서 올랐다고, 내가 따라서 투자하는 것이 시기적으로 맞는지 잘 따져봐야 한다.

그리고 비수기는 불황이라 부동산 가격이 하락한다. 이때는 사람들의 심리가 너도나도 가격을 낮춰서 내놓고, 거래가 잘되지 않는다. 투자는 망설이는 시기일 수밖에 없다. 그런데 투자 고수들은 가격이 떨어지는 것을 확인하고, 기다렸다가 이 시기에 원하는 지역의 매물을 투자하기 시작한다. 즉, 쌀 때 사서 비쌀 때 파는 투자의 원칙을 이 시기에 적용시키는 것이다. 일반인의 생각과 오히려 반대로 행동한다고 보면 된다.

둘째, 부동산은 공급과 수요의 영향을 시기에 따라 받는다. 좀 더 지역적인 단위로 들어가 보자. 도시계획을 세워 신도시를 공급할 때 가장 먼저 주거를 위한 아파트가 공급되고, 상업시설, 업무시설 등의 순으로 도시가 하나씩 채워지기 시작한다. 처음 아파트 공급을 진행할 때는 갑자기 입주자들이 수만 세대가 대기하고 있는 것이 아니기 때문에 입주를 진행하는 기간 동안은 6개월 정도 공실도 있고, 급매물이나 미분양도 나온다. 그래서 일시적으로 가격이 오히려 떨어지는 것 같이 보이기도 한다. 그런데 이 아파트에 실거주자들이 입주해서 점점 자리가 채워지면, 매물이 소진되고 그다음은 가격이 안정되며, 다시 상승하기 시작한다. 이것이 순서다.

그리고 아파트는 전국 단위로 수요자에 비해 공급량을 대략적으로 예상하는 기사들이 있으니 참고하면 된다. 우리나라는 2017

년부터 전국의 아파트 물량을 단순 계산하면, 공급이 현재 남아도는 상황이다. 그러나 역시 서울과 지방의 지역 편차가 심한 편이다. 그러면 내가 아파트를 산다고 가정하면 투자는 언제 해야 하는 것일까? 일반인들처럼 부동산이 한창 오르고 거래가 잘되는 성수기에는 부동산을 샀다가 가격이 떨어질 때 팔아야 하는 것인가? 그렇지 않다.

부동산 고수는 일반인과 반대로 행동한다. 그래서 부동산 가격이 떨어지고 거래가 잘 안 되고 있을 때, 유망하거나 앞으로 비쌀 지역을 사들인다. 그리고 부동산이 계속 오르고, 거래가 한창 활발해지는 시점에 샀던 부동산을 팔아버린다. 이것을 잘 따라가 보면 '쌀 때 사서 비쌀 때 판다'라는 원칙에 어느 정도 맞아 떨어지는 것을 알 수가 있다.

그리고 부동산을 거래할 때 자기의 때에 맞춰서 너무 급하게 내놓으면 절대로 원하는 가격을 받을 수가 없다. 파는 사람은 느긋해야 한다. 그리고 그 지역에 어떤 개발 호재가 터져서 거래가 잘되는 타이밍인지 매의 눈을 가지고 지켜봐야 한다. 그러다가 그 타이밍이 오면 원하는 적정 가격, 즉 너무 크게 욕심 부리지 않는 선에서 약간의 이익을 보면 빨리 팔 수 있다. 이렇게 투자는 심리전이기 때문에 내가 급하면 성공적인 수익을 낼 수가 없다. 급하다는 것은 여유가 없는 것이기 때문에 상대보다 우월한 위치에서 협상에 임할 수 없기 때문이다. 이렇게 타이밍을 잡는 것도 여러 건의 투자를 해보면 금방 알 수 있다. 그래서 이론은 절대로 실전 경험을 따라갈 수 없는 것이다.

부동산 거래의 성수기와 비수기를 알고, 이 곡선의 어느 위치에서 나는 부동산을 사고팔지 예측하는 훈련을 통해서 타이밍을 배우는 것이 투자의 고수로 거듭나는 필수 과정이다.

매수 타이밍과 매도 타이밍을
잘 잡아라

"아니 내가 왜 집을 사면 떨어지고, 팔고 나면 오르는 건지 모르겠어. 아주 울화통이 터진다니까?"

"그러게. 남들은 아파트 사서 잘만 오르고 하던데 나는 왜 이러지?"

주부들이 여럿 있을 때 흔히들 하는 이야기다. 투자를 안해본 주부들이 이런 한탄을 하고 있을 때 부동산 투자의 고수는 남들이 집을 팔 때 사고, 남들이 집을 살 때 팔아버린다. 투자는 타이밍이다. 쌀 때 사서 비쌀 때 팔아야 한다. 그런데 이것을 도대체 어떻게 판단해야 될까? 주식, 펀드 등 금융상품은 국내총생산(GDP)을 보고 비교해서 작년에 비해 올해는 올랐는지, 떨어졌는지 등을 참고해 투자에 들어가는 고수의 방법이 있다.

그러면 부동산은 어떤 요소들을 봐야 할까? 부동산 투자를 할 때는 개발의 흐름을 읽어야 한다. 세부적인 것은 지역을 따로 분석해야겠지만, 땅 투자를 할 때 배우는 기초 공식이 있다. 부동산 개발은 크게 4가지 단계로 정리할 수 있는데, 개발 호재 발표, 그 다음은 착공, 완공, 완성기로 대략 나눌 수 있다.

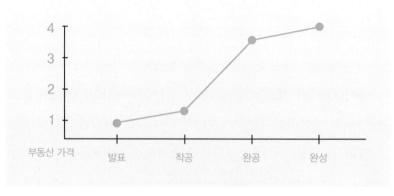

개발의 흐름에 따른 부동산 가격

투자 시점을 잡을 때 부동산 개발 호재의 예를 들면, 지하철역이 생기거나 큰 산업단지, 또는 스타필드 같은 대형쇼핑센터가 들어온다는 등의 발표가 나올 때가 있다. 물론 그때에도 사람들의 관심이 쏠리지만, 투자를 권장하는 시기는 착공하는 시기에서 완공하는 시점까지다. 개발계획을 발표하는 때는 개발 초창기라서 투자금은 제일 낮고 잘 되면 이익이 클 수는 있으나, 이것이 무산되거나 또는 10년 이상 뒤로 미뤄지면 그만큼 투자 위험(리스크)이 크다.

그러나 개발계획단계에서 착공이 들어간다는 것은 개발하려는 회사나 자금이 확정이 되었다는 것이고, 이른바 '삽을 떴다'는 표현을 한다. 그러면 이것이 무산되거나 뒤로 미뤄질 확률은 적기에 완공하는 시점이 3년 또는 5년 내로 나오고, 개발이 눈에 보이기 때문에 부동산 가격이 오르는 것이 확실히 눈에 띄며, 속도도 가장 많이 붙는다. 그래서 투자자가 보는 이익이 가장 클 수밖에 없는 것이다.

아파트는 수요 공급량을 보며 투자 시기를 조율한다. 그 근방에 전세 수요가 많다면 실수요자가 많은 것이므로 가격이 잘 안 떨어진다. 그리고 학군이 좋은 곳은 학부모들 때문에 가격의 하락이 거의 없고, 직장이 많거나 교통이 좋다거나 하는 요소들을 고려해야 한다.

아파트와 주택 같은 주거 목적의 부동산을 대하는 기준은 실거주 목적으로 찾아봐야 하고, 월세를 받는 원룸이나 상가의 수익형 부동산은 임대수요가 있는지, 교통이나 생활 여건이 편리한지 등 조금 다른 기준으로 접근해야 한다.

수익형 부동산 투자 포인트

첫째, 부동산 투자는 인구가 늘어나는 곳에 투자해야 된다. 구도심은 빠져나가고, 신도시에는 모인다. 그래서 신도시 투자를 권하는 것이다.

둘째, 거주할 인구도 늘어나야 되지만, 수익형 부동산은 임대수익을 내는 소형 상품이므로 투자하는 지역 주변에 거주할 직장인이나 학생들이 얼마나 있는지 봐야 한다.

셋째, 투자는 타이밍이다. 개발 호재는 착공 시기에 투자해서 완공 시점에 거래가 활발해지면서 오른다. 이 타이밍을 잡으면 땅값 오르는 속도가 빠르기 때문에 단기간에 수익을 많이 볼 수 있다. 초보 투자자의 경우 잘 모르겠으면 신도시 중에서 업무용지에 둘러싸인 지역의 중심상업용지에서 지하철역이 가깝거나, 교통이 편하며, 유동인구가 많이 다니는 대로변 지역을 선택하면 거래가 잘된다. 그 지역은 가격이 비싸더라도 분명히 인기가 많기 때문에 거래가 안 되어 투자금이 묶일 염려가 적다. 누가 봐도 거래가 잘되는 지역은 정해져 있기 때문이다.

요즈음 내가 회사에서 분양했던 인천경제자유구역, 영종국제도시 같은 지역에 대해서도 한창 말들이 많다. 여기는 지금 투자하면 망한다, 미분양이다, 이렇게 욕하는 분들도 많다. 하지만 이럴 때 전망을 생각하고 투자를 시작하는 분들도 있다. 이것은 어떻게 봐야 할까? 어느 신도시를 건설하든, 아니면 서울 지역도 재개발을 할 때는 기대심리도 있지만, 아파트 같은 경우도 공급이 막 진행될 때는 가격이 떨어지기도 하고, 미분양 시절을 거친다. 그 시기가 2~3년 지나다 보면 어느새 실수요자들도 이사를 들어오고, 공급은 땅이 한정적이므로 멈춘다. 그런 뒤에는 주변에 산업단지라든지 일자리가 있다면, 분명 사람들은 채워지게 되어 있다. 그때 가격상승을 기다리고, 미리 쌀 때 사놓은 분들은 지역이 활성화되면 가격이 오르면서 차익을 볼 수 있다.

투자의 고수들은 부동산 지도를 보고, 현장을 수없이 가보면서 투자 리스크를 따지고 움직인다. 그러나 자기 일을 하느라 다닐 시간이 부족하고, 투자를 안 해본 초보들은 그렇게 다니는 것도 쉬운 일이 아니다. 그런 때는 누가 봐도 안전하고, 환금성이 좋은 유망 지역 상업용지 등 땅값이 가장 비싼 지역이면서 주변에 개발 호재가 있다면, 착공할 때 적은 리스크로 투자를 시작해볼 만하다. 점차 공사가 진행되면서 발전되고, 부동산 가격이 움직이는 것을 눈으로 확인하게 될 것이다.

투자 대비
얼마나 벌 것인지
설정하라

모든 투자는 흐름이요, 부동산도 흐름이다. 올라갔다가 내려가는 곡선을 볼 줄 알아야 한다. 그런데 내 마음에 여유가 없고, 성질이 급한 데다가 욕심만 가득 있다면 절대 이것이 보이지 않는다.

부동산은 몇 번을 강조해도 첫째가 입지조건이다. 입지조건을 역세권 교통요지, 직장이 풍부한 곳 등 좋은 지역에 가졌다는 전제하에 투자 기간, 즉 매매시점을 최소 3~5년은 여유 있게 가져야 원하는 이익을 가져갈 수 있다.

주상복합을 분양하러 1년 가까이 인천의 송도국제도시에서 생활하고 있을 때의 일이다. 이 지역의 사람들은 특히 부동산에 관심들이 많았다. 분양을 받으려고 온 사람들 중에는 일명 '떴다방' 스타일로 대규모로 분양을 받았다가 초기 프리미엄을 받고 빠지려는 무리들이 있었다. 송도에서는 새로 생기는 지하철역 바로 앞에 D건설의 P브랜드로 2,000실 되는 대단지 주상복합을 분양하다 보니 이런 사람들을 구경하는구나 하며 신기했다. 그런데 그 지역은 유난히 그렇게 치고 빠지려는 사람들이 많았다. 송도국제도시가 워낙 유명한 지역이라 그런 현상이 많이 나타났던 지역이다.

송도랜드마크푸르지오시티 입지

출처 : 대우 푸르지오 홈페이지

5장. 소액 투자로 부자 되는 7가지 기술

송도랜드마크푸르지오시티

출처 : 대우 푸르지오 홈페이지

그때 수익형 부동산을 분양하는 직원들이 이것을 보고 배워서, 심심하면 '전매가 잘된다'고 이야기하며 분양하는 것을 봤다. 전매란 등기 전 매매, 그러니까 분양권을 사고파는 것이다. 그런데 막상 고객이 기대치가 다르니까 그 말을 믿고 무리하게 여러 채를 구매했다가 나중에 분양한 사원들에게 원망하는 일도 있었다.

물론 지역마다 부동산 정책상 전매 제한만 없다면 전매는 가능하다. 그런데 그렇게 이야기하는 것은 '단기간'에 '프리미엄 전매'가 가능하다고 기대를 끌어올리는 이야기인데, 실상은 그렇지 않다.

아파트가 아닌 주상복합 수익형 부동산의 경우, 입지 조건이 좋고 대단지이며 1군의 탑 브랜드가 아니면, 프리미엄(시세차익) 기대는 힘들다. 그것도 소수의 희소성이 있는 일부 평형대에서만 가능하다. 그렇지 않고 전매를 기대하려면 시장의 상황을 보면서 해야 되겠지만, 매도인이 급매물로 내놓는 것으로 인식이 되어 오히려 거래 시 마이너스 프리미엄을 요구하는 경우도 있다.

수익형도 시장이다. 시장의 흐름을 보면서 실제와 기대치 사이에는 분명 차이가 존재한다. 그렇다고 수익형이 안 오른다거나 전매가 안 된다고 하는 것은 아니다. 내가 시장의 흐름을 읽지 못하고 경험이 없는 상태에서 급하게 내놓을 경우, 프리미엄 거래를 기대하지 말라는 이야기다. 기간을 길게 두고 입주가 된 이후 어느 정도 주변 인프라가 들어오면, 그때 오르는 프리미엄 시세차익을 기대할 수도 있다. 어떤 물건이든 기간을 길게 두라는 것이다. 내가 부동산 거래 시장의 특성을 정확히 알지 못하면 판매자의 말에 휘둘린다.

다른 케이스로 재건축 재개발 시장을 한번 살펴보자. 재건축은 말 그대로 노후한 건물이 모인 지역의 주택주민들이 조합을 결성해 새로운 브랜드의 아파트를 지어 재입주하는 것이다. 말은 쉽지만 진행과정이 쉽지 않은 것이 여러 사람의 의견을 하나로 모아서 협상을 하는 일이고, 또 재산에 관련된 일이라 협의점을 찾는 것이 쉬운 일이 아니다. 그래서 재건축 이야기가 나와서 본격 논의가 되면 그다음 단계를 진행하는 데 최소 10년~20년이 걸렸다.

예전에는 아파트만 사면 어디든 올랐고, 정부의 분양가 규제 등도 거의 없어서 입지만 어느 정도 되면 재건축으로 투자 이익을 보던 시절이 있었다. 그때는 재건축하는 아파트를 사놓기만 해도 상당한 이익을 봤다.

우리 부모님이 오래전에 사놓은 중대형 아파트 역시 재건축으로 받은 것이다. 그래서 이것이 얼마나 오래 걸리는지 직접 체험했다. 송파구의 이 재건축 아파트도 내가 초등학교 다니기 시작할 때부터 추진되기 시작해 결국 대학교를 졸업할 때쯤 지어져서 입주를 했던 기억이 난다.

그때는 중대형 평형이 유행이라 그저 좋은 것으로 알고 60평대의 대형 평형에 입주를 했는데, 요즈음은 워낙 중소형 쪽이 인기가 많아서 중대형은 가격도 안 오르고, 거래도 거의 되지 않는다. 그래서 요즘 재건축 아파트는 소형으로 2채를 받을 수도 있다고 하는데, 중대형으로 받아 놓은 것이 많이 아깝다는 생각이 든다.

이제는 아파트를 사더라도 무조건 오르는 시대가 아니다. 입지 조건이 정말 좋지 않고서 반드시 오른다는 보장은 없다. 또 정부 차원의 여러 규제가 있어서 혹시나 이익을 봤다 하더라도 양도세, 보유세, 종부세 등 여러 가지로 환수해간다. 그리고 여러 집안의 재산에 관련된 이익관계가 얽혀 있어 아무리 해도 수년을 끌기 때문에 그 기간을 기다리는 것으로 많은 시간을 낭비할 수가 있다. 재건축에 관심을 가지다 보니 과거의 잘된 사례를 보고 혹할 수는 있으나, 나의 경험과 시대의 변화를 볼 때 이제는 조심해야 한다.

투자 대비 얼마나 벌 것인지는 '투자하기 전부터' 설정해야 한

다. 이것은 투자 시기와 금액 방법 등을 미리 학습해서 어느 정도 알고 나서 내가 투자한 물건에 대해 공부를 해놓으라는 것이다. 그냥 막연하게 누가 좋다고 해서 따라다니는 것은 검증이 되지 않는다.

200%, 300% 오르는 것은 어려우나, 투자금 대비 월세를 받는 부동산으로 회수하고, 월세를 받기 시작하면 현실적인 수익을 받을 수 있다. 그리고 시세차익을 많이 보고 싶다면 단기간으로는 안된다. 최소 5년 이상 중기 투자로 가야 한다. 기본적으로 좋은 입지에 들어있다는 전제에서다. 내가 주도적으로 투자를 하면서 '~카더라'에 속지 말자. 그래야 치열한 투자 전쟁에서 살아남는다.

한 번에
완벽한 투자는 없다

밥을 먹고, 친구와 대화하며, 물건을 사고, 옷을 입으며, 우리가 생활하는 모습들을 가만히 지켜보면 신기할 만큼 행동들이 제각각이다. 사람마다 성격이 다 다르기 때문이다. 자기가 가진 다양한 성격들이 재산을 투자할 때도 반드시 나타나게 되어 있다.

완벽주의 성향과 결정을 못하는 성향의 사람은 재테크 투자할 때 돌다리만 계속 두들겨 보다가 도무지 시작하려고 하지 않는다. 재산 투자이니 신중하게 검토하는 것은 좋지만, 필요 이상으로 알아만 보고 전혀 움직이지 않는 성향의 사람들을 때로는 '결정장애'라고 부르고 싶을 때가 많다.

그런데 과연 세상에 완벽한 투자가 있을까? 물론 완벽한 투자는 없지만, 리스크를 줄이는 투자는 있다. 그리고 거기에 경험이 쌓이고, 좋은 운이 맞아떨어지면 성공한 투자가 나올 뿐이다. 그러면 완벽한 투자를 위해서는 어떤 원칙을 지켜야 할까?

① 투자에 대한 지식을 준비하지 않은 상태에서 무작정 투자를 시작하지 마라.

② 투자하기 전, 먼저 투자에 관련한 책을 50권 이상 100권은 읽어라(간접경험을 쌓아라).

③ 리스크(원금손실)를 줄이는 투자를 위해 노력하라. 투자는 수익을 내려고 하는 노력이다. 투자에는 양날의 칼날이 있는데, 수익을 은행금리 이상으로 내려고 한다면 원금손실 리스크(위험)는 분명히 있을 수 있음을 명심하자. 단, 부동산 투자는 원금보장 면에서 주식이나 펀드 등 금융상품보다 안전성이 우수하다.

④ 수익이 나면서 환금성이 좋은 안정적인 부동산을 찾아야 한다. 투자 유망지역이라고 하는 신도시 또는 개발 유망지역 중에서 교통이 좋은 곳(철도, 지하철, 버스 환승센터 등)이나 대규모 산업단지 등의 개발이 진행되고 있다면, 그 주변의 지역을 투자하는 것이 리스크가 적다. 또 시세가 오르는 것보다 월세로 접근하는 것이 수익을 매달 받는 방법이므로, 매월 수익을 확보하는 측면에서 안정적이라고 할 수 있다.

⑤ 간접경험이나 지식을 어느 정도 쌓으면 투자를 시작하되, 투

자 금액은 무리하지 않아야 한다. 혹시나 손해를 보더라도 해결하는 데 무리가 가지 않는 금액 내에서 투자한다는 원칙을 세우고 시작하라.

⑥ 투자를 여러 번 시도하면서 반복된 경험으로 학습을 해 투자 범위를 점점 넓혀 나간다. 매수하거나 매도하는 타이밍은 부동산이라고 하더라도 3년~5년 안에서 가능한 짧게 사고팔면서 경험을 쌓는 것도 방법이다. 기간이 길면 경험을 쌓기가 어렵기 때문이다.

⑦ 혹시 처음부터 수익이 많이 나지 않아도, 또는 손해를 봐도 실망하지 않는다. 이것이 진정한 성공의 과정이라고 생각하고 교훈을 찾으려고 노력하는 게 좋다.

쌓은 지식으로 리스크를 적게 만들려고 노력하면서 투자 횟수를 늘리다 보면 성공 사례와 실패 사례가 쌓인다. 그러다 보면 행운도 뒤따라서 크게 돈을 버는 경우도 생길 것이다. 노력하는 자와 준비하는 자에게 운은 따라온다고 했는데, 실제로 그런 경우를 주변에서 많이 봤다.

내가 가진 돈이 적을수록 투자를 해야 돈을 불려 나갈 수 있다. 그런데 적은 돈일수록 처음 투자하는 입장에서는 모으기 힘든 돈이므로 더욱 조심스러운 것도 사실이다. 그래서 나는 부동산 투자는 원금을 보장하면서 최대한 수익을 내는 데 목적을 둔다. 그리고 감당할 만한, 부담스럽지 않은 금액을 투자할 수 있게 하는데 원칙을 둔다.

'건물주'가 요즘 어린이들이 선망하는 1위 직업(?)이라고들 한다. 대도시가 아니어도 지역에 있는 작은 건물이라도 사서 건물주가 될 수는 있다. 그러나 그것도 세금문제와 은행대출 이자를 계산하지 않거나, 또 유망한 지역이나 상가 업종을 분석하지 않고 무작정 지어 놓으면, 들어오는 돈보다 유지하는 것이 훨씬 힘든 사례도 많다.

투자도, 건물을 임대하는 것도 모두 일종의 사업이다. 사업이라는 것은 수익을 얻기 위해 사업성 수지분석을 해보고, 여러 경우를 꼼꼼하게 따져봐야 하며, 또 진행하다 보면 여러 변수가 존재한다. 부동산 건물을 짓고, 사고파는 일은 큰돈이 들어가는 일이므로 손해 볼 경우 그 리스크가 작지가 않다.

그렇기에 부동산 투자는 큰 사업을 위해 한 살이라도 젊었을 때 부지런히 알아보고, 공부하며, 준비해야 한다. 간접 경험과 직접 경험을 쌓고, 리스크를 줄이기 위한 만반의 준비를 하고 움직인다면, 해를 거듭할수록 자산이 늘어나는 것을 볼 수 있을 것이다. 그렇게 경험과 함께 탄탄하게 쌓아올려진 재산은 쉽게 줄어들지 않는다.

내 소중한 재산을 지키기 위해 리스크를 줄이는 투자의 원칙을 지켜 투자하면서 경험과 노하우를 한 단계씩 쌓아 나간다면, 날이 갈수록 완벽한 투자로 만들어 나갈 수 있다. 내 재산은 나의 노력과 땀으로 준비한 경험으로 불려야 단단하게 지킬 수 있다.

리모델링으로
부동산 몸값을 올려라

'보기 좋은 떡이 먹기에도 좋다'라는 속담이 있듯 사람들은 아름다운 것에 마음을 뺏기게 되어 있다. 그래서 디자인이 물건을 선택하는 데 중요한 요소로 떠오르는 것은 자연스러운 일이다. 이것은 단순히 작은 물건만 적용되는 게 아니라, 부동산도 물건으로 봤을 때 깔끔하고, 멋있게 단장이 되어 있는 물건이 상품성이 좋고, 거래가 잘된다. 그래서 지어진 지 10년~20년이 넘는 주택, 오피스텔 등 부동산을 매매할 때는 깔끔하게 단장을 잘 해놓으면 값을 높게 받을 수가 있다. 이것은 임대를 놓을 때도 통한다.

실제 투자 성공 사례 중 오래된 고시원만 매매하는 분의 사례다. 이분은 전업 주부였는데, 남편이 병으로 돌아가시고 직장이 없어 수입이 간절한 상황이었다. 그래서 재산 수준에 맞춰 동네에서 비교적 저렴한 고시원을 찾아 매입을 했는데, 워낙 낡아서 임대운영도 쉽지 않았다.

그래서 고민 끝에 직접 인테리어를 해서 깨끗하고 예쁘게 만들었고, 특히 고시원에서 제공하는 식사의 경우 직접 식사를 한 끼 만들어서 제공하는 파격적인 조건을 시작했다. 고시원의 입지가 대로변도 아니고 그리 좋지도 않은 곳이었는데, 식사와 예쁜 인테리어로 폭발적인 반응을 일으켜 임대가 잘 나가고, 수익이 커졌다. 그러자 그분은 어느 정도 잘 운영해 돈을 모으고, 높은 값에 팔았다. 그 이후 노하우를 살려 고시원 여러 개를 매입해 그와 같이 리모델링으로 바꿔놓고, 지금은 월세 잘 받는 자산가로 성장했다.

아무래도 다세대주택이나 원룸 빌라 등의 경우, 오래된 건물은 이렇게 잘 만들어서 매매를 해야 임대와 매매의 가격상승이라는 두 마리 토끼를 잡을 수 있다. 입지 자체가 좋을 경우 이 부분은 시너지 효과가 날 것이다. 거주하는 건물은 사는 데 쾌적한지, 아닌지로 실거주나 매수하려는 사람의 결정이 좌우되기 때문이다.

단, 거주용 부동산에는 이 원칙이 적용되나 상가 같은 경우는 그렇지 않다. 내가 가지고 있는 상가건물이 신축이라고 임대료를 주변보다 높게 산정하는 것이 아니고, 주변에 상권이 형성되어 있는 시세를 따라간다. 그래서 리모델링을 한다고 해서 무조건 월세를 높게 받는다고 생각하면 안 된다. 상가는 리모델링보다 입지가 더 중요하다.

땅의 경우를 보자. 토지는 보통 임야나 전답을 많이 거래하는데, 대지가 아닌 땅은 수목을 깔끔하게 심어놓는다든지, 잡풀을 정리해놓는다든지, 땅을 고르게 다듬어놓고 잔디 등을 심어 외관을 좋게 하는 방법이 있다. 그리고 적극적으로 개발을 시작한다면, 농지는 흙을 채워서 높이를 맞춰놓고, 거기에 간단한 가건물이라도 집을 올리고 허가를 받으면 이것이 대지로 바뀐다. 이것을 '지목변경'이라고 하는데, 땅을 개발하는 분야에서는 가장 잘 알려진 방법이다. 지목을 임야나 전답에서 대지로 변경하는 순간, 땅의 가격이 몇 배로 뛴다. 물론 개발비용이 들어가는 것을 감안해도 땅의 가격이 확실히 차이가 나기 때문에 그 자체로 리모델링해 차익을 올려주는 좋은 예라고 할 수 있다.

신축 건물 같은 경우는 상관없겠지만, 경매로 아파트나 빌라 등을 낙찰받으면, 오래된 건물에 재산분쟁까지 있는 경우, 집을 관리하지 않고 방치해 불편해 보이는 경우가 있다. 입지분석을 해서 싸게 원하는 주택을 낙찰받았다고 할지라도 명도하려고 가보면 쓰레기로 쌓여 있거나 너무 지저분해서 손을 대지 않으면 임대가 나가기도 힘들고, 매매는 더욱 어려울 수 있다. 그럴 때 리모델링이 필요하다.

리모델링도 비용이 들지만 합리적인 비용으로 외관을 깔끔하게 정리하는 방법은 찾아보면 얼마든지 있다. 오래된 집을 사고파는 사람일수록 집을 꾸미는 기술자들과 많이 교류해놓는 것이 정말

5장. 소액 투자로 부자 되는 7가지 기술

필요하다. 비용절감을 위해 간단한 인테리어는 주인이 직접 시공하는 사람도 있다.

집도 거래하는 물건이다. 집 외관의 문제는 사람으로 봤을 때 외모가 그 사람의 인상을 결정하듯 임대나 매매를 결정하는 데도 실로 큰 역할을 차지한다. 내 얼굴을 꾸미듯 집도 꾸며서 훨씬 높은 가격에 매매해 차익을 보는 것도 훌륭한 경험이요, 집값을 올리는 방법임을 기억하자.

6장

월급쟁이,
수익형 부동산으로
제2의 월급 통장을
만들어라!

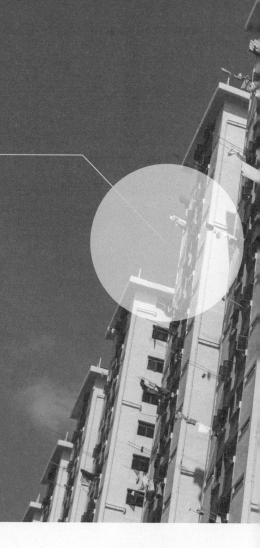

6장

나는 수익형 부동산으로
경제적 자유인이 되었다

경제적 자유! 듣기만 해도 멋있는 말이다. 그런데 돈을 벌기 위해 아침부터 저녁까지 회사에서 인생 대부분의 시간을 바친다면 경제적 자유를 누린다고 할 수 있을까? 일을 해서 생계를 유지해 나가는 사람들의 대부분이 월급쟁이인데, 이 월급은 안정적이기는 하나 최저생계비 또는 품위유지비 수준이라는 생각을 하지 않을 수 없다. 월급날 통장에 돈이 입금되면 바로 카드값, 월세 또는 집 대출금 등 통장이 순식간에 비어버리는 경험을 많이 했다. 그래서 월급날은 돈이 통장을 스쳐서 사라진다는 등의 하소연을 많이 들었다.

나는 인생 대부분의 시간을 남 밑에서 일하면서 기본 생활을 할 수 있는 수준으로만 벌고 싶지 않았다. 돈이 충분하게 있어야 안정적인 생활을 유지하면서도 내 시간을 자유롭게 쓸 수 있다고 생각했다. 돈이 충분히 있어야 내 시간을 원하는 대로 쓸 수 있는 자유를 부여받는다.

한국에서 1인 가구 또는 부부가 가정을 가지고 있으면서 만족스럽게 생활하는 데 필요한 생활비는 얼마나 될까? 맞벌이 부부가 합해 월 500~700만 원 벌어도 자녀를 2명 이상 키우고, 집을 장만하며, 본인들 노후준비까지 하기에는 부족하다. 그리고 평균수명이 길어져 연로하신 부모님을 모시는 것도 경제적으로 부담이다.

통계에 따르면 65살 이상의 부부가 최소한의 기본생활을 할 수 있는 금액이 월 260만 원 정도라고 뉴스에 발표하기도 했는데, 실제로는 이 정도의 노후연금 준비도 안 되어 있는 분들이 많다.

수익형 부동산은 이 월급쟁이들의 대안이며, 제2의 월급통장을 만드는 가장 쉬운 대안이다. 나는 부동산이 어떤 특성을 가지고 있는지 몰랐을 때는 억 단위의 큰돈을 투자해서 손해도 봤다. 그러나 최근 몇 년간은 돈을 벌면서 부동산 투자의 안정적인 특성을 배웠다. 이것을 활용해 매달 돈을 만들 수 있는 원룸 오피스텔과 레지던스로 불리는 생활형 숙박시설, 그리고 주상복합 상가를 인천의 송도, 청라, 영종 등 신도시 지역의 중심상업지에 신축 분양으로 골고루 투자했다.

당시 인기 있는 평형대는 분양권 상태로 프리미엄 1,000만 원 이상을 몇 개월 안에 팔아서 수익을 남기기도 했다. 투자해놓은 지역이 개발되면서 시세가 오르고, 월세도 발생되는 것을 보면서 이 맛에 투자를 하는구나 하면서 지금도 지속해나가고 있는 중이다.

물론 돈이 많아도 할 일은 있고, 무조건 놀러만 다닐 수는 없다. 그러나 똑같은 일도 생계를 위해 하기 싫은데, 억지로 회사에 나간다면 하루를 일하더라도 지겨워질 것이다. 적어도 내가 하고 싶은 일을 하면서, 또는 지금은 조금 힘들더라도 미래를 위해 배우는 것을 게을리하지 않으면서 구체적으로 준비해 나간다면 삶의 활력소가 될 것이다.

토, 일요일은 여유를 즐기지만 월요일만 되면 머리가 아프기 시작하는 직장인의 월요병과 상관없는 삶을 살고 싶은가? 내가 원할 때 훌쩍 바람 쐬러 여행을 떠날 수 있는가? 그렇다면 경제적으로 여유로울 수 있도록 준비하면서 자기가 가진 능력의 범위를 넓히는 것도 중요하다. 이때 수익형 부동산부터 투자하는 것을 배우고 시작하게 된다면 경제적 자유를 누리는 데 큰 도움을 줄 것이다. 나 역시 과정 중이지만 부동산이라는 분야에서 돈을 벌 수 있는 무한한 가능성을 보고, 경제적 자유인으로 한 걸음씩 나아가고 있다.

소확행, 워라밸,
저녁이 있는 삶은
누가 주지 않는다

소확행(小確幸)은 소소하고 확실한 행복이고, 워라밸(Work-life balance)은 일과 휴식의 균형이다. 이 두 가지 다 참 좋은 말이다. 그런데 현재를 즐기는 것만 중요하다고 생각해서 버는 돈을 저축 없이 소비만 하고 있는 것은 미래에 대한 대책이 없는 것과 같다.

욕심이란, 그만큼 노력하지 않으면서 바라는 것을 말하는 것이다. 돈에 대해 욕심들은 많이 가지면서, 내 돈을 지키고 불리는 것에 도무지 노력들을 하지 않고 바라기만 하고 있는 사람들이 참 많은 것 같다. 세상에 공짜가 없는 게 너무도 당연한데도, 사람들은 공짜를 참 좋아한다. 많은 일을 겪고 후회하며 깨닫기 전에는 나도 그랬다. 자본주의에서 소비는 곧 자기만족이며 타인의 시선을 의식하는 심리와 밀접하게 연관되어 있다고 한다.

남에게 보여주고 싶은 소비, 자기만족을 위한 소비의 욕구는 매우 강하다. 그러나 돈을 모으기 위해서는 이 소비를 철저하게 막아야 1단계를 시작할 수 있다. 그러자면 때로는 자린고비 같고, 남 보기에 치사하고 빈곤해 보이더라도 이 단계를 반드시 거쳐야 하는 것이다. 이것을 참아낼 수 있는지, 아닌지가 부자로의 1단계를 밟아 나가느냐, 아니냐로 나뉜다. 잠깐 얻는 것이 아니고, 오랫동안 누리는 것을 가지기 위해서는 반드시 그 값을 치러야 한다.

큰돈은 벌고 싶은데, 힘든 일은 하기 싫을 때 사람들이 많이 선택하는 것 중 하나가 '로또 구매하기'다. 그런 기대감이 잠시 생활고에서 잊게 해주고, 활력을 주기도 한다. 그런 것을 보면 노력해서 열심히 돈을 마련하겠다는 의지가 없는 것이 안타까워 보이기도 한다. 막상 그 힘든 로또 '1등'에 당첨되었다고 치자. 아주 오래 전에는 100억 원 단위가 넘을 때도 있었다고 하는데, 요즈음에는 1등을 해도 20억 원~40억 원 정도다. 물론 일반인이 보기에는 엄청난 금액이지만, 막상 꿈같은 1등에 당첨되어 돈을 받았을 때 나는 얼마나 이 돈을 잘 소비해서 평생 없어지지 않는 돈으로 만들 수 있는 준비가 되어 있는가? 그리고 고소득이 생긴 이후 재산을 관리하면서 각종 세금에 대해서는 얼마나 알고 있는가?

연봉이 1억 원만 넘긴다 하더라도 세금과의 전쟁이 시작되는 것을 나는 부동산 투자 상담을 하면서 많이 봤다. 이 글을 쓰는 나도 세금을 절세하기 위해 세무를 전문가에게 맡기고 있는데, 알아야 할 것들이 갈수록 많아진다. 자산이 많은 사람일수록 안정적인 자산, 그리고 절세할 수 있는 방법에 도사가 되어 있는 모습들을 봤다. 이것만 보더라도 이분들이 그동안 얼마나 노력하는 대가를 치렀는지를 알 수 있다.

3살 어린아이에게 정말 비싼 보석을 쥐여 주었다고 치자. 아이는 한참 가지고 놀다가 어른이 아이가 좋아하는 맛난 과자로 유혹하면, 보석을 주고 과자로 바꿔 먹는다. 그것은 보석의 값어치를 알지 못하는 어린아이이기 때문이다. 물건의 투자 값어치를 보지 못하는 어른은 이 3살 어린아이와 다를 게 없다.

직장 업무의 과중함에 치여 휴식을 제대로 취하지 못하는 사람에게는 워라밸의 조건을 적용해야 하는 것이 맞다. 그렇다고 수입이 훨씬 많아지는 것이 아니라면 미래를 봤을 때 과감하게 이직하는 게 나을 수도 있다. 그러면서 워라밸을 실현할 수 있는 방법을 생각해보자(나의 미래에 시간, 노력 투자하기).

보통의 직장인 기준으로 회사에서는 낮 시간에 일을 하고, 퇴근 후에는 들어와서 쉰다. 그러면 낮에 일을 하고 퇴근하고 들어온 사람에게 또 일을 하라는 것이 아니라, 미래를 위한 자기계발에 투자해서 연봉을 높일 수 있게 준비하는 것도 보람이 될 수 있다. 지금 당장은 워라밸이 어렵지만, 3년 후, 5년 후에는 이것을 실현할 준비를 하는 셈이다.

또 매일은 아니지만 가계부를 쓰고, 수입 지출을 관리하며, 내 월급을 가지고 투자를 준비하는 저축을 시작하는 것이다. 그리고 퇴근 후 재테크 부동산이나 금융 관련 강좌를 인터넷 시청하면서 공부를 시작하는 것이 바로 실질적인 내 인생 업그레이드 시키기 및 진정한 워라밸 프로젝트라고 생각한다.

그리고 돈 많이 버는 사람들의 실제 사례와 스토리 등을 책으로 보고 강의로 들어보는 것 역시 큰 공부다. 특히 자수성가형 부자들은 우리가 따라가야 할 롤모델이기 때문에 벤치마킹할 필요가 있다. 이들은 취미생활을 하더라도 돈을 쓰는 것보다는 돈이 들어오게 해서 나중에 써먹을 수 있는 일들을 한다. 한마디로 생각 자체가 틀리기 때문에 듣고 보는 것만 해도 배울 점이 많다.

저녁시간에 휴식을 취하고 가족과 함께 좋은 주말을 보내는 것도 좋지만, 한 살이라도 젊은 나이에 시간을 쪼개어 미래에 대한 준비를 치열하게 하는 것이 오히려 20년 후, 30년 후를 바라봤을 때 훨씬 낫지 않을까? 젊을 때 놀면서 불안한 것보다는 미래를 생각하며 준비하는 것이 오히려 열정이 넘치고 보람이 있을 것이다.

소확행, 워라밸은 참 좋은 뜻이지만, 내 현실에 맞게 이 개념으로 미래 준비하기 프로젝트를 시작하는 원동력으로 삼으면 좋겠다. 그러면 오래오래 즐겁고 여유로운 생활을 즐길 수 있을 것이다.

목적 있는 삶을 위한
투자 행동 리스트 짜기

　사랑하는 가족이 죽었을 때 이별 준비를 미리 하고 사는 사람은 거의 없다. 잠깐 미리 생각한다고 해도 닥치면 너무 충격적이고 함께하는 시간이 늘 아쉬운 법이다. 가족이 갑자기 병에 걸렸을 때도 재산의 여유가 당장 필요하다. 그리고 지금 나의 소중한 사람과의 행복한 시간을 확보하기 위해서 돈을 버는 것이다.

　버킷리스트가 한때 유행했다. 죽기 전에 미리 하고 싶은 일을 작성해본다면 주변의 소중한 것들에 대해 깨닫게 되고, 나이가 들고 나서 하고 싶었던 일을 못해서 후회하지 않는 좋은 방법이라 생각한다. 이러한 버킷리스트처럼 나의 재산을 늘리기 위해서도 계획성 있는 투자 행동 체크리스트가 필요하다.

멋진 은퇴를 위한 투자 행동 체크리스트

① 나는 미래를 위해 지금 매달 얼마의 돈을 저축하고 있는가? 없다면 지금 당장 저축을 시작하자.

② 적어도 3년 내 1채, 또는 2채의 수익형 부동산을 소유할 수 있도록 투자 유망한 지역에 대해 공부하고 있는가?

③ 나의 60살, 또는 65살 이상이 은퇴시기라고 봤을 때 평균 얼마 정도의 돈을 매달 받을 수 있는지에 대해 목표를 세우고 준비하고 있는가(한국경제연구소의 통계에 따르면 은퇴 후 노부부가 생활하는 데 필요한 최소 비용은 260만 원~370만 원이다)?

④ 은퇴 시 제2의 즐거운 인생을 위해 꾸준히 독서나 취미생활로 자신을 계발하고 있는가?

* 부동산 팁 : 이 투자 행동 체크리스트에 들어가는 부동산은 특히 매달 수입이 발생할 수 있는 수익형으로 하면 부담이 적고, 빠르게 시작할 수 있어 좋다. 그리고 금액 단위가 1억 원~2억 원대의 비교적 가벼운 금액대로 시작해야 중간에 급하게 돈이 필요할 때 매매하기도 쉽다. 땅 투자는 투자 경험 많은 고수나, 실제로 사용할 목적으로 시작하지 않고서는 말리지 않을 수도 있고, 시간이 오래 걸리는 공격적인 투자이므로 조심해야 한다.

은퇴 시 연금 준비 외에 건강도 가장 중요한 자산이다.

⑤ 내 건강을 위해서 정기 건강검진을 1년, 또는 2년마다 하고 있는가?

⑥ 건강을 위한 운동을 얼마나 하고 있으며, 음식은 몸에 좋은 것을 먹고 있는가(주3회, 30분 이상 운동 권장, 몸에 나쁜 음식 덜 먹기)?

⑦ 만병의 근원은 스트레스다. 나의 정신건강을 위해서 어떤 노력을 하고 있는가? 나만의 스트레스 해소법이 있는가(노래 부르기, 운동하기, 여행 가기, 책 읽기, 각종 취미생활 하기, 스트레스 해소용 친목 모임 가지기 등)?

그동안 가정을 책임지고, 가족을 챙기고 하느라 나의 정신건강까지는 챙길 여력이 없었다는 사람이 많다. 은퇴 후 노인들이 은퇴연금이나 노후자금 준비가 안 되어 안타깝게도 우리나라가 노인 자살율 1위라는 안 좋은 기록도 있다.

다음은 〈중앙일보〉의 기획 기사에 나온 내용이다.

평범하게 작은 사업체를 운영하다가 은퇴를 맞이한 사장님이 인터뷰를 했다. 자식들은 공부를 시켜서 다 자리를 잡았지만, 모두 각자 살기에 바쁘다고 했다. 사업이 예전에는 그럭저럭 잘되었는데, 경기가 안 좋으니 사업을 접었고, 본인의 노후 준비만 해놓지 못했다는 것이다. 그래서 70대가 되어도 정말 생계를 위해서 이런저런 노동일을 한다. 이분의 말이다.

"돈을 한창 벌 때는 계속 이렇게 들어올 줄 알았다. 그리고 자식들은 공부 시켜놓으면 되는 줄 알았다. 그런데 나이 먹고 상황이 바뀌니 내 노후 준비를 못해놓은 것이 한이다."

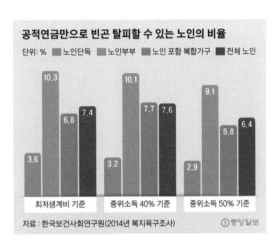

공적연금만으로 빈곤 탈피할 수 있는 노인의 비율

단위: % ■ 노인단독 ■ 노인부부 ■ 노인 포함 복합가구 ■ 전체 노인

	최저생계비 기준	중위소득 40% 기준	중위소득 50% 기준
노인단독	3.6	3.2	2.9
노인부부	10.3	10.1	9.1
노인 포함 복합가구	6.8	7.7	5.8
전체 노인	7.4	7.6	6.4

자료 : 한국보건사회연구원(2014년 복지욕구조사)　③중앙일보

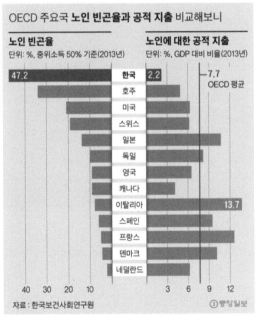

OECD 주요국 노인 빈곤율과 공적 지출 비교해보니

노인 빈곤율
단위: %, 중위소득 50% 기준(2013년)

노인에 대한 공적 지출
단위: %, GDP 대비 비율(2013년)

국가	노인 빈곤율	노인에 대한 공적 지출
한국	47.2	2.2
호주		
미국		
스위스		
일본		
독일		
영국		
캐나다		
이탈리아		13.7
스페인		
프랑스		
덴마크		
네덜란드		

7.7 OECD 평균

40 30 20 10 　 3 6 9 12

자료 : 한국보건사회연구원　③중앙일보

노인 빈곤율 관련 지표

출처 : 이승호 신재민 기자, 국민연금 만으론 노인 93% 최저생계비 안 돼 극빈층 전락,
《중앙일보》, 2015년 7월 3일 기사.

'어떻게 되겠지' 하는 생각이 가장 문제다. 당장 나의 연금준비는 잘되어 있는지 체크하고, 스스로 경보를 울려야 한다. 이렇게 계속 살면 안 된다는 위기의식으로 먼저 나를 깨우자. 그리고 당장 행동을 시작하자.

'들어오는 돈'에 대한 준비는 돈 모으기와 투자 공부로 시작하고, '나가는 돈 막는' 준비는 건강을 챙기는 운동 등의 노력과 투자다. 들어오는 돈 잘 모아서 불리고, 치료비로 나갈 막대한 돈을 저축하면서 삶의 질을 끌어올리는 노력을 병행한다면 누가 봐도 보람 있고 값진 시간으로 노후를 알차게 보낼 수 있을 것이다.

양심 있게 행동하는 사람은 마음이 편안하다. 남을 때리고 나면 내 발 뻗고 잠을 잘 수 없다. 요즘 양심을 불로 지진 것처럼 양심을 버린 사람들의 모습이 많이 눈에 들어온다. 비양심적으로 행동하는 것은 유효기간이 길지 못하다. 타인에게 해를 끼친 사람들이 시간이 흐른 후에 그 벌을 받는 경우도 봤다.

소송을 시작하면서 나에게 2억 원대의 사기를 친 땅의 지주를 만나러 갔을 때, 그는 내 사건뿐 아니라 땅을 이용해 주변 사람들에게 피해를 주면서 부당한 이익을 챙긴 사건이 많음을 알게 되었다. 그런데 만나려고 했더니 이미 50대 정도의 젊은 나이에 갑자기 세상을 떴다고 했다. 그리고 그 사건에 연결된 몇몇의 사람들이 있었는데, 한 사람은 감옥살이를 하고, 한 사람은 생활 면이나 정신적으로 시달려서 일반적인 생활을 하지 못하고 있었다.

그 이야기를 들어 놀랐고 기분이 좋지 않았다. 나는 무지해서 피해는 봤지만, 의도적으로 남을 이용하지 않았기 때문에 결국 잘 살아남았다고 생각한다. 또 앞으로 노력해서 주변에 좋은 영향을 끼치는 사람이 되리라 다짐하는 계기가 되었다. 돈을 버는 일이든, 돈을 불리는 일이든, 다른 사람들에게 자산 컨설팅을 하고, 영업을 하는 것도 분명 자기가 지켜야 할 양심의 선을 지켜야 자기 자신을 지킬 수 있다. 여기서 도덕이나 양심을 지키라고 훈계를 하는 게 아니다. 결국 돈에는 사람들의 마음과 욕심이 붙을 수밖에 없기 때문에 사람마다 돈을 대하는 철학이 있어야 한다는 것이다.

돈은 사람이 가지고 다닌다. 그래서 돈에도 귀가 있고, 감정이 있으니 말을 함부로 하지 말아야 한다. 사람과 사람 사이의 거래 속에서 돈이 따라오고 발생하기 때문에 돈을 잘 모으고 싶다면 긍정적인 마음을 가지고 기다리는 자세가 필요하다. 특히 부동산에는 큰돈이 오가고 그 액수도 크기 때문에 사기꾼도 더 많이 모일 수밖에 없다. 내가 겪어본 경험에 따르면, 정말 정신을 바짝 차리고 알아야 하는 곳이 이 부동산 투자의 세계다. 사기꾼들은 말을 참 잘하고, 남들이 보기에 오히려 순해 보이는 얼굴을 하거나 감정이입도 잘하기 때문에 연극도 참 잘하는 것을 봤다. 내가 어릴 때 당한 다음에 생각해보니 공통적으로 그랬다. 그러니 순진한 사람들이 사기에 속아 넘어가지 않으려면, 투자에 대한 지식을 갖추는 방법밖에 없다.

'양심', '느림의 미학', '기다림'은 돈을 벌고, 투자를 하며, 비즈니스를 하는 각박한 현대 사회에는 통하지 않는 도덕 교과서 같은 내용이라는 생각이 들 때가 있었다. 그러나 10년 이상 치열한 투자의 세계를 겪은 후에는 이것이 책에 나오는 이야기만은 아니구나 하는 생각이 들었다.

덧붙이자면 착한 것과 무지한 것은 다른 것이다. 내가 아무것도 몰라서 당했고, 몰라서 돈을 날렸다는 것은 한두 번 경험할 수는 있지만, 계속 그렇게 사는 것은 자기 인생에 대한 직무유기다. 무식한 것은 게으른 것이며, 자기를 망치는 죄가 될 수도 있다. 나와 가족의 재산을 지켜낼 지식도, 능력도 없기 때문이다.

어린아이는 처음에 힘도 없고, 경험도 지혜도 없어서 혼자서 부딪히면 당한다. 그래서 잘 아는 어른의 도움을 받고, 조금씩 배워나가고 성장해 나간다. 그리고 힘 있는 어른이 되었을 때 그를 이용하려는 나쁜 적들에게서 자신을 지키고, 성장해서 스스로의 힘으로 이룬다. 이 어린아이는 투자에 있어서 아무것도 몰랐던 20대의 나다. 또한 이제 막 부동산 투자를 시작해보려는 초보 투자자, 부동산 투자와 자산관리 일을 해보고 싶은 가이드 입문자 등 불나방처럼 뛰어드는 많은 사람들이다. 나도 아직 배우고 있는 과정이고 많이 부족하지만, 직접 부딪히면서 느낀 점들을 정리해본 것이다.

　돈이 처음에 적게 들어올 수도 있고, 또 조금씩 들어오다가도 어느 순간 많이 벌게 되고, 많은 수익을 얻을 수도 있을 것이다. 일시적으로 잠깐씩 많은 돈이 들어올 수 있지만 이것을 길고 오래 유지해서 단단하고 안정적인 자산가로 자리 잡으려면 결국 인내의 시간이 필요하다.

　유효기간이 짧은 성공은 곧 사라지지만, 대가를 치르고 경험하고 노력해서 키워낸 내 투자 지식과 노하우는 사라지지 않고 유지된다. 나는 한 살이라도 젊은 나이에 빨리 시작해서 몇 번이라도 경험을 더 쌓기를 권한다. 그리고 좋은 투자 전문가들과 가이드가 많으니 한 사람에 의존하지 말고, 스스로 공부하고 독립해서 충분한 자신감을 가지고 시작했으면 좋겠다. 그리고 돈을 많이 벌면서 더 겸손하고, 오래 기다리고, 양심이 살아 있는 모습을 가지도록 노력한다면, '돈만 많은 졸부'가 아닌, '존경받는 부자'가 될 수 있을 것이다. 나도 그런 부자가 될 것이다.

본 책의 내용에 대해 의견이나 질문이 있으면
전화 (02)333-3577, 이메일 dodreamedia@naver.com을 이용해주십시오.
의견을 적극 수렴하겠습니다.

나는 오르는 수익형 부동산만 산다!

제1판 1쇄 | 2020년 9월 25일

지은이 | 고진영
펴낸이 | 손희식
펴낸곳 | 한국경제신문*i*
기획제작 | (주)두드림미디어
책임편집 | 배성분

주소 | 서울특별시 중구 청파로 463
기획출판팀 | 02-333-3577
영업마케팅팀 | 02-3604-595, 583 FAX | 02-3604-599
E-mail | dodreamedia@naver.com
등록 | 제 2-315(1967. 5. 15)

ISBN 978-89-475-4626-3 (03320)

한국경제신문 *i* 부동산 도서 목록

한국경제신문*i* 부동산 도서 목록

한국경제신문*i* 부동산 도서 목록

한국경제신문i 부동산 도서 목록

두드림미디어

경제·경영, 재테크, 자기계발, 실용서 전문 출판 임프린트

가치 있는 콘텐츠와 사람
꿈꾸던 미래와 현재를 잇는 통로

Tel : 02-333-3577
E-mail : dodreamedia@naver.com